SE 07

Curso
MAD360

La diferencia entre aprobar
y sacar plaza

Ayudante de Cocina

COMUNIDAD AUTÓNOMA DE EXTREMADURA

Si aún no dispones de tu **Curso MAD360**, te ofrecemos un acceso GRATIS de 30 días para que disfrutes de los siguientes recursos:

AF173898

- Técnicas de Memoria 360.
- MADTEST: Test Nivel PRO.
- Temario en formato digital.
- Planificación de estudio.
- Foro entre opositores hasta la fecha del examen.*
- Recursos y novedades exclusivas.
- Consulta sobre la oposición y el proceso selectivo.
- Actualizaciones legislativas (Boletines Oficiales) hasta 60 días antes de la fecha del examen.*

Para acceder a esta prueba del Curso MAD360** será necesaria la compra de todos los libros para esta especialidad de la edición 2025.

Regístrate en **mad.es/iniciar-sesion** y en la pestaña BIBLIOTECA valida los códigos que encuentras en la última página de tus libros.

NOTA IMPORTANTE:

* Examen de esta categoría profesional correspondiente a la convocatoria publicada en el DOE n.º 250, de 27 de diciembre de 2024, o hasta el 31 de marzo de 2026, lo que se cumpla antes, y previa renovación del servicio.

** El acceso al CURSO MAD360 estará disponible desde marzo de 2025 (algunos recursos podrían estar disponibles en fecha posterior). Tendrá una duración de 30 días RENOVABLES mediante pago, desde la validación de códigos, o hasta el 30 de septiembre de 2026, lo que se cumpla antes.

MAD se reserva el derecho a ampliar dichas fechas.

Ayudante de Cocina de la Administración de la Comunidad Autónoma de Extremadura

Febrero, 2025

Ayudante de Cocina de la Administración de la Comunidad Autónoma de Extremadura

Test y supuestos prácticos

Autores

ANA MARÍA SERRANO BÁRCENA
Licenciada en Biología

FRANCISCO JESÚS TORRES FONSECA
Licenciado en Derecho

LIDIA MARINA PONCE MARTINEZ
Licenciada en Psicología

© 7 Editores Recursos para la Cualificación Profesional y el Empleo, S.L. (7 Editores)
© Los autores
Primera edición, febrero 2025 (156 páginas)
Derechos de edición reservados a favor de 7 Editores
IMPRESO EN ESPAÑA
Diseño Portada: 7 Editores
Edita: 7 Editores
Avda. San Francisco Javier, 9 · Edificio Sevilla 2 · Planta 11 · Módulos 25-27 · 41018 Sevilla
Teléfono: 954 784 411 · WEB: www.mad.es · e-mail: administracion@7editores.com
ISBN: 978-84-142-9269-3
© "Editorial Mad" y "Eduforma" son nombres comerciales registrados de
7 Editores Recursos para la Cualificación Profesional y el Empleo, S.L.

Índice

TEST

TEST

TEST N.º 1

Ayudantes de cocina al servicio de la Junta de Extremadura: Derechos y obligaciones. Brigada de cocina y atribuciones. Organización del trabajo en la cocina

1. ¿Cuántos grupos profesionales se definen en el V Convenio Colectivo de personal laboral de la Junta de Extremadura?

a) 3.
b) 4.
c) 5.
d) 6.

2. ¿A qué grupo profesional pertenece la categoría de Ayudante de cocina?

a) I.
b) III.
c) IV.
d) V.

3. ¿Cuál es el complemento de destino de un Ayudante de cocina de la Junta de Extremadura?

a) V.
b) 14.
c) H7.
d) 14H7.

4. ¿Cuál de los siguientes es un derecho individual de los trabajadores?

a) Derecho a la no discriminación por razón de nacimiento, origen racial o étnico, género, sexo u orientación e identidad sexual, expresión de género, características sexuales, religión o convicciones, opinión, discapacidad, edad o cualquier otra condición o circunstancia personal o social.
b) Derecho a la libertad sindical.

c) Derecho al ejercicio de la huelga, con la garantía del mantenimiento de los servicios esenciales de la comunidad.

d) Todas las respuestas son correctas.

5. La percepción de las retribuciones por el trabajo, se considera:

a) Una obligación.

b) Un derecho individual.

c) Un derecho individual ejercido colectivamente.

d) Una indemnización.

6. En la nómina de un Ayudante de cocina, aparece un complemento de antigüedad, un complemento específico general y la paga extraordinaria, entre otros conceptos. ¿Cuál de estos es un concepto retributivo de carácter complementario?

a) Complemento de antigüedad.

b) Complemento específico general.

c) Paga extraordinaria.

d) Ninguno de los anteriores.

7. ¿Qué tipo de complemento es la turnicidad?

a) Básico.

b) Complementario específico general.

c) Complementario específico especial.

d) Complemento extraordinario.

8. ¿En qué caso tiene un Ayudante de cocina de la Junta de Extremadura derecho a una reducción de un tercio de la jornada?

a) Cuando tenga a su cargo un menor de 12 años.

b) Cuando tenga a su cargo un menor de 6 años.

c) Cuando tenga a su cargo un hijo mayor de 6 años.

d) Cuando tenga a su cargo un familiar menor de 6 años.

9. La protección en materia de seguridad y salud en el trabajo es:

a) Un derecho del trabajador.

b) Una obligación del trabajador.

c) Un derecho de la empresa.

d) Una cuestión voluntaria para el trabajador pero obligatoria para la empresa.

10. ¿En cuál de estos casos tendría permiso retribuido?

a) Para asistir a cursos de preparación de oposiciones.

b) Para realizar periodos de prácticas cuando se superen procesos selectivos para la cobertura definitiva de puestos de trabajo en cualquiera de las Administraciones Públicas.

c) Para concurrir a exámenes finales, pruebas de aptitud, o pruebas selectivas de la Junta de Extremadura.
d) En todos los casos.

11. ¿A qué edad se produce, con carácter general, la jubilación del personal laboral de la Junta de Extremadura?

a) A los 60 años.
b) A los 65 años.
c) A los 68 años.
d) A los 70 años.

12. ¿Cuál de los siguientes es un derecho individual que se ejerce de forma colectiva?

a) El derecho a huelga.
b) El derecho a reunión.
c) La negociación colectiva.
d) Todas las respuestas son correctas.

13. ¿Cuál de las siguientes es obligación del Ayudante de cocina?

a) La asistencia al trabajo.
b) La puntualidad y el cumplimiento de la jornada establecida.
c) La comunicación en tiempo de la falta al trabajo por falta justificada.
d) Todas las respuestas son correctas.

14. ¿Cuál de las siguientes es una falta leve recogida en el V Convenio Colectivo de personal laboral de la Junta de Extremadura?

a) Llegar tarde al trabajo de forma reiterada.
b) Los malos tratos físicos a los trabajadores de superior categoría.
c) Proporcionar datos faltos a la Administración.
d) Ninguna respuesta es correcta.

15. ¿Cuándo prescriben las faltas leves?

a) A los 7 días.
b) A los 10 días.
c) A los 20 días.
d) A los 60 días.

16. ¿Qué sanción puede tener una falta grave?

a) Apercibimiento verbal.
b) Suspensión de empleo y sueldo de cinco meses a tres años.

c) Suspensión del derecho a concurrir a pruebas para el acceso ya turno de ascenso por tiempo de un año.
d) Despido.

17. ¿Cuándo prescribirá la falta por cometer tres faltas graves en un trimestre?

a) A los 10 días.
b) A los 20 días.
c) A los 60 días.
a) No prescribe nunca.

18. ¿Quién supervisará el trabajo de un/a Ayudante de cocina de la Junta de Extremadura?

a) El propio trabajador.
b) Otro Ayudante de Cocina.
c) El/la Cocinero/a.
d) El/la Camarero limpiador

19. ¿Qué función tiene el/la Ayudante de cocina?

a) Transformación culinaria de los alimentos.
b) Tareas sencillas como los partes de consumo de los suministros.
c) Labores auxiliares de cocina, con conocimientos especializados.
d) Ninguna respuesta es correcta.

20. ¿Quién debe procurar el cuidado y mantenimiento de la limpieza y funciona- miento de las instalaciones de cocina?

a) El Ayudante de cocina.
b) Sólo el Cocinero.
c) Todo el personal del centro.
d) Ninguna respuesta es correcta.

21. ¿Qué criterios seguirá la organización del trabajo en la Junta de Extremadura?

a) La mejora de la prestación de servicios públicos de acuerdo con criterios de eficiencia.
b) La simplificación de los procesos operativos y mejora de los métodos de trabajo.
c) La adecuación de las plantillas de personal a las necesidades reales de los servicios a prestar.
d) Todas las respuestas son correctas.

22. ¿Qué debe hacer un trabajador en caso de que le pidan que realice una fun- ción que no es de su puesto de trabajo?

a) No la realizará.
b) La realizará pero pedirá la orden por escrito.

c) La realizará sin más.
d) Consultará a sus compañeros si debe hacerlo o no.

23. ¿En qué caso puede haber un traslado forzoso sin indemnización?

a) En caso de sanción por falta leve reiterada.
b) En caso de sanción por falta grave.
c) En caso de sanción por falta muy grave.
d) En ningún caso.

24. ¿Qué es una brigada de cocina?

a) El equipo de Ayudantes de cocina.
b) El conjunto de los cocineros.
c) El conjunto de los profesionales que trabajan en cocina.
d) El equipamiento de la cocina.

25. Respecto a la prevención de riesgos laborales, ¿qué es falso?

a) El cumplimiento de la normativa es obligación del trabajador.
b) La protección eficaz en materia de seguridad y salud en el trabajo es un derecho del trabajador.
c) El incumplimiento de la normativa de prevención de riesgos laborales no es sancionable.
d) El incumplimiento de la normativa de prevención de riesgos laborales es una falta, y su gravedad depende de si afecta a la seguridad y a la salud del propio trabajador, de otros trabajadores o de otras personas.

26. ¿Qué son las partidas?

a) Secciones de cocina donde se realizan distintas tareas.
b) Equipos específicos para tareas de pastelería o salsero.
c) Grupos de personas que elaboran un plato concreto.
d) Sistema de producción en cocina.

27. ¿A qué partida corresponde la elaboración de fondos?

a) A la partida de salsero.
b) A la partida de entremetier.
c) A la partida de pastelero.
d) Son correctas las respuestas a) y b).

28. ¿Cuál de estas tareas corresponde a la partida de cuarto frío?

a) Producción de pan.
b) Preparación de guarniciones.

c) Limpieza y fraccionamiento de pescados.
d) Todas las respuestas son correctas.

29. ¿En qué partida es frecuente que no se disponga de cocina para la elaboración de algunos platos, que posteriormente se sirvan fríos, aunque luego vuelvan a la misma después de pasar por otra?

a) Partida de salsero.
b) Partida de cuarto frío.
c) Partida de entremetier o entremesero.
d) Partida de pastelero.

30. ¿Dónde existirán rustideras como dotación de partida de Unidad de Cocina?

a) Partida de salsero.
b) Partida de cuarto frío.
c) Partida de entremetier o entremesero.
d) Son ciertas las respuestas a) y c).

Solución al test nº 1

1. c) 5.

2. d) V.

3. b) 14.

4. a) Derecho a la no discriminación por razón de nacimiento, origen racial o étnico, género, sexo u orientación e identidad sexual, expresión de género, características sexuales, religión o convicciones, opinión, discapacidad, edad o cualquier otra condición o circunstancia personal o social.

5. b) Un derecho individual.

6. b) Complemento específico general.

7. c) Complementario específico especial.

8. b) Cuando tenga a su cargo un menor de 6 años.

9. a) Un derecho del trabajador.

10. c) Para concurrir a exámenes finales, pruebas de aptitud, o pruebas selectivas de la Junta de Extremadura.

11. b) A los 65 años

12. d) Todas las respuestas son correctas.

13. d) Todas las respuestas son correctas.

14. a) Llegar tarde al trabajo de forma reiterada.

15. b) A los 10 días.

16. c) Suspensión del derecho a concurrir a pruebas para el acceso ya turno de ascenso por tiempo de un año.

17. c) A los 60 días.

18. c) El/la Cocinero/a

19. d) Ninguna respuesta es correcta.

20. a) El Ayudante de cocina.

21. d) Todas las respuestas son correctas.

22. b) La realizará pero pedirá la orden por escrito.

23. c) En caso de sanción por falta muy grave.

24. c) El conjunto de los profesionales que trabajan en cocina.

25. c) El incumplimiento de la normativa de prevención de riesgos laborales no es sancionable.

26. a) Secciones de cocina donde se realizan distintas tareas.

27. d) Son correctas las respuestas a) y b).

28. c) Limpieza y fraccionamiento de pescados.

29. b) Partida de cuarto frío.

30. d) Son ciertas las respuestas a) y c).

TEST N.º 2

Equipos de cocina: Instalaciones y material. Locales. Maquinaria, accesorios y menaje de cocina. Cuidado y limpieza de despensas y cámaras frigoríficas

1. ¿Qué características tiene la cocina hospitalaria centralizada?

a) Alejamiento y aislamiento de los locales de cocina de cualquier fuente de contaminación.
b) Fácil acceso desde la zona de recepción de materia prima a la cocina, y de la cocina a la zona de distribución.
c) Suelos antideslizantes, con la debida inclinación hacia los sumideros para evitar acumulación de agua.
d) Todas las respuestas son correctas.

2. ¿Qué característica no debe tener la cocina hospitalaria centralizada?

a) Espacio suficiente para la actividad a realizar, y para la circulación del equipamiento móvil.
b) Las tuberías y conductos de aire estarán a la vista, para evitar la acumulación de suciedad.
c) Las uniones entre paramentos serán redondeadas para facilitar su limpieza.
d) Habrá lavamanos suficientes, con sistema de accionamiento por pedal preferentemente, para facilitar el lavado higiénico de manos.

3. Con el sistema de cocina central:

a) Se consigue la manipulación de los alimentos en los *offices*.
b) Se evita la producción de residuos en cocina.
c) Se elimina la manipulación de los alimentos en los *offices*.
d) Se elimina el paso de los alimentos por las dependencias de limpieza.

4. Las aberturas y ventanas o huecos practicables para la ventilación de los locales de cocina deberán estar dotados de:

a) Sistema de clausura para impedir su manipulación.
b) Cristales opacos para evitar que la luz natural estropee los alimentos.
c) Rejillas de malla adecuadas para evitar el paso de insectos.
d) Rejas homologadas por la ley de prevención de riesgos laborales.

5. En los locales de cocina, las uniones de paramentos verticales y horizontales:

a) Deberán ser redondeados.
b) Deberán estar recubiertos con perfiles metálicos.
c) Deberán estar recubiertos con perfiles de PVC.
d) Se pintarán al menos dos veces al año.

6. Una de las características que deberá tener el suelo de una cocina colectiva es:

a) Deberá estar provisto de desagües con los dispositivos adecuados (sifones, rejillas, etc.).
b) Estará totalmente nivelado y desprovisto de sumideros para evitar los malos olores y el acceso de roedores o insectos.
c) Estará construido con materiales absorbentes que empapen cualquier derrame de líquidos.
d) Estará construido con material deslizante para facilitar su limpieza.

7. Las actividades relacionadas con la manipulación de alimentos tienen un flujo marcado por:

a) El principio de marcha adelante.
b) El principio de cruce de circuitos.
c) El principio de economía de movimientos.
d) Ninguno de los anteriores.

8. ¿Qué características cumplirán las áreas para la higiene de personal de la cocina?

a) Los vestuarios de personal se situaran en dependencias anexas a los locales donde se manipulen alimentos.
b) Los servicios higiénicos no tendrán acceso directo a la zona de manipulación.
c) Habrá lavamanos suficientes, con sistema de accionamiento por pedal preferentemente, para facilitar el lavado higiénico de manos.
d) Todas las respuestas son correctas.

9. ¿Cómo debe ser el suelo de la cocina para colectividades?

a) De metal con rejillas.
b) Antideslizantes.
c) Con inclinación suficiente hacia sumideros.
d) Las opciones b) y c) son correctas.

10. ¿Cuál de los siguientes no es una característica de los equipos y otros útiles de trabajo en una cocina?

a) Materiales inocuos.
b) Materiales porosos.

c) Materiales lisos.
d) Materiales fáciles de limpiar.

11. ¿Cómo han de ser los techos de una cocina para colectividades?

a) Estarán construidos de forma que no se acumule polvo.
b) De fácil limpieza.
c) Protecciones para evitar cualquier tipo de accidente por rotura.
d) Todas son correctas.

12. ¿Cuál de las siguientes zonas de una cocina se considera zona sucia?

a) Zonas de lavado.
b) Zona de emplatado.
c) Zona de distribución
d) Todas son zonas sucias.

13. ¿Cuál de estas tareas corresponde a la partida de cuarto frío?

a) Producción de pan.
b) Preparación de guarniciones.
c) Limpieza y fraccionamiento de pescados.
d) Todas las respuestas son correctas.

14. ¿Qué diferencia una distribución lineal de cocina con una distribución en U?

a) La ubicación de entrada y salida.
b) La ordenación de las secciones.
c) El avance del proceso.
d) Todas las respuestas son ciertas.

15. En una distribución lineal, ¿dónde se ubica la sección de emplatado?

a) Inmediatamente tras la sección de preparación.
b) Tras la sección de elaboración.
c) Antes de la sección de recepción.
d) Tras la sección de preparación.

16. ¿Qué ventaja tiene la centralización de los servicios de restauración hospitalaria?

a) Permite la concentración de los recursos para optimizar los resultados.
b) Permite utilizar la producción en línea fría, aunque no en línea caliente.
c) Requiere menos inversión inicial.
d) Todas las respuestas son correctas.

17. ¿Qué criterio se tendrá en cuenta a la hora de colocar las máquinas y utensilios de cocina?

a) Que ocupen el menor espacio posible.
b) Que permitan el acceso para su limpieza.
c) Que queden en el centro de la cocina.
d) Todas las respuestas son correctas.

18. En una cocina centralizada, ¿hacia dónde irán los flujos de aire?

a) Hacia la entrada.
b) Hacia la zona limpia.
c) Hacia la zona sucia.
d) Hacia la zona de distribución por ser la fase final del proceso.

19. ¿Qué afirmación es falsa sobre la ubicación de las cámaras?

a) Estarán en un lugar protegido de los factores ambientales que pueden influirle.
b) Tendrán termómetro interno y externo con lectura interna.
c) Los higrómetros darán una lectura de forma permanente.
d) Estarán fabricadas en material resistente a los golpes y fácil de limpiar y desinfectar.

20. ¿Qué actividades pertenecen al circuito sucio en cocina?

a) Solo los residuos.
b) Manipulación de productos crudos, ya sea en su fase de acondicionamiento o cuando ya están listos para el consumo.
c) Actividades que generan contaminación.
d) Todas las respuestas son correctas.

21. ¿Cómo se distribuye el circuito de los alimentos?

a) El acondicionamiento de la materia prima constituye un circuito sucio que no debe tener cruces con el circuito limpio.
b) Los alimentos elaborados y su distribución constituyen un circuito sucio y no debe cruzarse con la materia prima.
c) El alimento en todas sus fases se considera en circuito limpio por el riesgo de contaminación.
d) Ninguna respuesta es correcta.

22. Los utensilios de cocina listos para su uso, ¿están en un circuito limpio o sucio?

a) Sucio.
b) Limpio.

c) Pueden estar en ambos.
d) No están en ninguno.

23. ¿Qué solución habría si la zona de recepción de materias primas y la salida de desperdicios no pueden estar separadas físicamente?

a) Realizar ambas operaciones con cuidado cuando coincidan.
b) Utilizar elementos cerrados para el traslado, cuando coincidan.
c) Separar ambas operaciones en el tiempo.
d) No hay solución, se deber realizar una reforma.

24. ¿Qué es la cadena alimentaria?

a) El desarrollo y encadenamiento de todos los procesos y transformaciones por los que pasa el alimento desde la producción primaria hasta su distribución, venta y consumo como producto final.
b) La posibilidad de encontrar y seguir el rastro, a través de todas las etapas de la producción, transformación y distribución, de un alimento.
c) La etapa anterior a la entrada de los productos en la empresa.
d) La descripción elaborada por la autoridad competente sobre la estructura, organización y funcionamiento de sus sistemas de control.

25. ¿En qué organización y distribución adecuada de las zonas de trabajo de la unidad de cocina central el avance en la marcha hace un giro de 180º con cambio de sentido?

a) Lineal.
b) Cíclica.
c) En L.
d) En U.

26. ¿Cómo se denomina la distribución según estén las secciones de la cocina hospitalaria cuando la entrada de la materia prima y la salida de los platos elaborados se disponen en lugares opuestos, el avance es en un sentido, pero en algún punto se produce un ángulo para aprovechar el espacio?

a) Lineal.
b) Cíclica.
c) En L.
d) En U.

27. Con el principio de marcha adelante:

a) Se evitarán las contaminaciones cruzadas.
b) Se podrá conseguir que un alimento retroceda a una etapa anterior.

c) Se conseguirá que no exista la separación de zonas de trabajo, y con ello mejor visión del conjunto de trabajo.

d) Se evitará el establecimiento de circuitos que perjudican la organización.

28. Respecto a la ventilación de la cocina hospitalaria centralizada todo será cierto, excepto que:

a) Podrá ser natural.

b) Podrá ser artificial.

c) Tendrá siempre un sistema de renovación de aires.

d) Los flujos de aire irán desde las "zonas sucias" a las "zonas limpias".

29. ¿Cuál de estos utensilios sirve para la elaboración de pescado?

a) Turbotera con rejilla.

b) Lubinera.

c) Besuguera.

d) Todas las anteriores tienen esa utilidad.

30. ¿Qué ventajas tiene el acero inoxidable?

a) Gran resistencia.

b) Fácil limpieza.

c) Buen conductor del calor.

d) Las respuestas a) y b) son correctas.

31. ¿Para qué se utiliza la marmita?

a) Para elaborar asados.

b) Para elaborar fondos.

c) Para cocciones al vacío.

d) Todas las respuestas son correctas.

32. ¿Qué capacidad media tiene un cazo alto con mango?

a) De 2 a 6 litros.

b) De 10 a 15 litros.

c) 50 litros como máximo.

d) Tiene capacidad mínima de 20 litros.

33. ¿Cuál de los siguientes utensilios de cocina se utilizan para asar alimentos?

a) Marmita.

b) Cazo.

c) Rondón.
d) Rustidera.

34. ¿Cuál de los siguientes moldes no es redondo?

a) Pudding.
b) Magdalenas.
c) Brioches.
d) Bizcocho.

35. ¿Qué característica tiene el molde de pan de miga?

a) La masa fermenta dentro.
b) No tiene tapa.
c) Es de plástico.
d) Todas las respuestas son correctas.

36. La *sautese* es utilizada para:

a) Saltear, rehogar y estofar géneros.
b) Confeccionar salsas y cremas.
c) Asar grandes piezas de carne.
d) Presentar pescados.

37. ¿Para qué se utiliza la cazuela de barro?

a) Se utiliza mucho para elaborar asados en horno.
b) Para hacer la sopa castellana.
c) Para hacer marmitako.
d) Todas son correctas.

38. ¿Para qué se utiliza el baño María?

a) Se usa para mantener calientes ciertas elaboraciones.
b) Para asar.
c) Para elaborar salsas, hervidos, purés, cremas.
d) Se utiliza para la cocción de pequeñas cantidades de producto.

39. ¿Para qué se utiliza un tamiz?

a) Para batir.
b) Para homogeneizar el grosor de ciertos alimentos como la harina.
c) Para decorar o rellenar con masa o crema.
d) Para rebañar las mezclas o masas.

40. ¿Qué característica debe cumplir cualquier generador de calor respecto a su ubicación?

a) Dejará espacio alrededor para la difusión de la energía que se pierda.
b) La maquinaria ha de estar debidamente aislada para evitar toda pérdida de energía.
c) Toda maquinaria irá pegada a la pared.
d) Son correctas las respuestas a) y c).

41. ¿Cómo se puede evitar que el gas salga una vez que los fogones están apagados y no hay llama?

a) Solo se garantiza cortando el suministro.
b) Con una válvula de seguridad.
c) Con un generador de frío que compense el calor.
d) No se puede evitar.

42. ¿Qué afirmación es cierta?

a) En la placa de inducción el calor pasa de la resistencia eléctrica al cristal cerámico y de este al recipiente.
b) En las placas vitrocerámicas se utiliza un mecanismo de campo magnético.
c) La placa de inducción permanece fría al retirar el recipiente.
d) El sistema de inducción necesita utensilios no metálicos.

43. ¿Qué función tiene la campana extractora en cocina?

a) Absorber los vapores y gases desprendidos en la cocción.
b) Reducir la temperatura desprendida durante la cocción.
c) Mover el aire interno de la cocina para evitar que se concentren vapores.
d) Emitir aire frío.

44. ¿Qué elementos suelen ser desmontables en las cocinas de gas?

a) Rejilla-soporte de recipientes y placa recogedora de grasa.
b) Quemador y bandeja.
c) Todos los anteriores.
d) Ninguno de los anteriores.

45. ¿Cómo se definen los utensilios de cocina?

a) Herramientas utilizadas para la manipulación de los alimentos.
b) Herramientas utilizada para la elaboración de platos.
c) Elementos utilizados para protegerse de los riesgos derivados del trabajo.
d) Las respuestas a) y b) son correctas.

46. ¿Qué sistema de seguridad tienen las placas de inducción?

a) Solo transmiten calor cuando entran en contacto con el recipiente.
b) Avisan sonoramente cuando se acerca la mano.
c) Marcan la temperatura del alimento que se está calentando.
d) Transmiten de manera continua el calor, y solo se puede regular por el propio trabajador.

47. ¿Qué inconveniente tiene el uso de productos corrosivos en los fogones eléctricos?

a) Pueden producir quemaduras o lesiones.
b) Pueden atacar al mecanismo del equipo.
c) Pueden producir accidentes cuando se conectan.
d) Todas las respuestas anteriores son correctas.

48. ¿Qué equipos se utilizan en cocinas industriales?

a) Generadores de calor.
b) Generadores de frío.
c) Las respuestas a) y b) son correctas.
d) Las respuestas a) y b) son falsas.

49. ¿Cuál de estos procesos no necesitan máquinas generadoras de calor?

a) Elaboración de platos.
b) Mantenimiento de las temperaturas de los alimentos.
c) Cocina en línea caliente.
d) Ninguna respuesta de las anteriores es correcta.

50. ¿En qué caso es útil un generador de frío?

a) Conservación de género perecedero.
b) Conservación de alimentos congelados.
c) Mantenimiento de comidas preparadas.
d) Todas las respuestas son correctas.

51. ¿Qué función tiene el abatidor de temperatura?

a) Aumentar la temperatura.
b) Conservar el alimento.
c) Bajar la temperatura del alimento.
d) Cocer alimentos a presión.

52. ¿Cuál de estos elementos alcanza una temperatura más baja?

a) Cámara de refrigeración.
b) Cámara de congelación.

c) Abatidor de temperatura.
d) Antecámara.

53. ¿Cómo se realiza el control de temperatura en el interior del alimento?

a) Mediante sondas termométricas.
b) Mediante agujas sondas.
c) Midiendo la temperatura exterior con un termómetro y calculando 10 ° menos.
d) Son ciertas las respuestas a) y b).

54. ¿Qué son las mesas refrigeradas?

a) Son mesas de trabajo de acero inoxidable y en su parte inferior tiene instalado un sistema frigorífico.
b) Son mesas de trabajo cuya única característica es que están dentro de una cámara frigorífica.
c) Son mesas para mantener calientes las elaboraciones hasta el momento del servicio.
d) Ninguna respuesta es correcta.

55. ¿Cuál de estas características para las cámaras frigoríficas es correcta?

a) Las superficies serán impermeables a las condensaciones y a la humedad, y de fácil limpieza.
b) Las puertas cerrarán con dispositivos herméticos y se abrirán por dentro y por fuera.
c) Todos los accesorios interiores y estantes serán desmontables y fáciles de limpiar.
d) Todas las respuestas son correctas.

56. ¿Cómo se hace el helado?

a) Por batido y enfriamiento.
b) Por congelación y posterior mezcla.
c) Por fusión y batido.
d) Por congelación.

57. ¿Qué es una salamandra?

a) Un horno.
b) Una placa.
c) Una gratinadora.
d) Una tostadora.

58. ¿Qué precaución se ha de tomar en el momento de limpiar una freidora?

a) Que esté desconectada.
b) Que el aceite no esté todavía caliente.

c) Vaciar la cubeta.
d) Todas las respuestas son ciertas.

59. ¿Qué son las bandejas gastronorm?

a) Son recipientes de dimensiones estandarizadas.
b) Son bandejas que se pueden introducir en los carros de regeneración.
c) Ambas respuestas son correctas.
d) Ambas respuestas son falsas.

60. En la limpieza de las bandejas, el primer lavado se realiza:

a) Con productos desincrustantes y poder bactericida.
b) Con elementos restauradores.
c) Con elementos anticalcáreos.
d) Con elementos oxigenados.

61. La maquinaria se debe limpiar:

a) Una vez a la semana.
b) Cada quince días.
c) Cada vez que se utilice.
d) Cada mes.

62. Las mesas de trabajo en una cocina se fregarán con:

a) Agua y lejía.
b) Agua jabonosa.
c) Agua limpia con bactericida.
d) Producto desincrustante.

63. ¿Cuál de los siguientes equipos se limpian con detergente antigrasa?

a) Las marmitas y rustideras fijas.
b) Los fregaderos.
c) Los lavamanos.
d) La b) y la c) son correctas.

64. Mientras las bandeja pasan por el tren de lavado, los carros se someterán a un proceso de:

a) Prelavado.
b) Limpieza manual con detergente.
c) Desinfección química.
d) Limpieza automatizada con detergente.

65. La limpieza de las cámaras frigoríficas ha de ser:

a) Diaria y una sola vez.
b) Diaria y tantas veces como sea necesario.
c) Cada tres días al menos.
d) Una vez a la semana es suficiente.

66. La limpieza y desinfección de los utensilios empleados en la cocina se realizará como mínimo:

a) Antes y después de cada jornada.
b) Después de cada jornada.
c) Cada dos días.
d) Cada tres días.

67. ¿Cuál es la función principal del cedazo en la cocina?

a) Triturar alimentos sólidos para hacer purés.
b) Tamizar ingredientes en polvo para obtener una textura uniforme y sin grumos.
c) Filtrar líquidos en la preparación de caldos y salsas.
d) Mezclar ingredientes secos con líquidos de forma homogénea.

68. ¿Cuál es una característica de las parrillas fabricadas con aleación de acero, cromo y níquel?

a) No requieren campana extractora para su uso.
b) Soportan altas temperaturas y se recuperan rápidamente del calor.
c) Son exclusivas para cocción con carbón vegetal.
d) Solo pueden utilizarse como módulos independientes.

69. ¿Qué herramienta se utiliza para afilar o mantener el filo de los cuchillos?

a) Chaira.
b) Cuchillo de golpe.
c) Espátula de acero.
d) Escamador de pescado.

70. ¿Cómo funciona el sistema de limpieza de un horno pirolítico?

a) Mediante la aplicación de productos desengrasantes pulverizados.
b) Utilizando un estropajo metálico de níquel y agua jabonosa con lejía.
c) Alcanzando temperaturas cercanas a los 500 ºC para convertir la suciedad en gases y cenizas.
d) Con la ayuda de una espátula para raspar la grasa adherida en las paredes.

Solución al test n.º 2

1. d) Todas las respuestas son correctas.

2. b) Las tuberías y conductos de aire estarán a la vista, para evitar la acumulación de suciedad.

3. c) Se elimina la manipulación de los alimentos en los *offices*.

4. c) Rejillas de malla adecuadas para evitar el paso de insectos.

5. a) Deberán ser redondeados.

6. a) Deberá estar provisto de desagües con los dispositivos adecuados (sifones, rejillas, etc.)**.**

7. a) El principio de marcha adelante.

8. d) Todas las respuestas son correctas.

9. c) Las opciones b) y c) son correctas.

10. b) Materiales porosos.

11. d) Todas son correctas.

12. a) Zonas de lavado.

13. c) Limpieza y fraccionamiento de pescados.

14. a) La ubicación de entrada y salida.

15. b) Tras la sección de elaboración.

16. a) Permite la concentración de los recursos para optimizar los resultados.

17. b) Que permitan el acceso para su limpieza.

18. c) Hacia la zona sucia.

19. b) Tendrán termómetro interno y externo con lectura interna.

20. c) Actividades que generan contaminación.

21. a) El acondicionamiento de la materia prima constituye un circuito sucio que no debe tener cruces con el circuito limpio.

22. b) Limpio.

23. c) Separar ambas operaciones en el tiempo.

24. a) El desarrollo y encadenamiento de todos los procesos y transformaciones por los que pasa el alimento desde la producción primaria hasta su distribución, venta y consumo como producto final.

25. d) En U.

26. c) En L.

27. a) Se evitarán las contaminaciones cruzadas.

28. d) Los flujos de aire irán desde las "zonas sucias" a las "zonas limpias".

29. d) Todas las anteriores tienen esa utilidad.

30. d) Las respuestas a) y b) son correctas.

31. b) Para elaborar fondos.

32. a) De 2 a 6 litros.

33. d) Rustidera.

34. a) Pudding.

35. a) La masa fermenta dentro.

36. a) Saltear, rehogar y estofar géneros.

37. d) Todas son correctas.

38. a) Se usa para mantener calientes ciertas elaboraciones.

39. b) Para homogeneizar el grosor de ciertos alimentos como la harina.

40. b) La maquinaria ha de estar debidamente aislada para evitar toda pérdida de energía.

41. b) Con una válvula de seguridad.

42. c) La placa de inducción permanece fría al retirar el recipiente.

43. a) Absorber los vapores y gases desprendidos en la cocción.

44. c) Todos los anteriores.

45. d) Las respuestas a) y b) son correctas.

46. a) Solo transmiten calor cuando entran en contacto con el recipiente.

47. d) Todas las respuestas anteriores son correctas.

48. c) Las respuestas a) y b) son correctas.

49. d) Ninguna respuesta de las anteriores es correcta.

50. d) Todas las respuestas son correctas.

51. c) Bajar la temperatura del alimento.

52. b) Cámara de congelación.

53. d) Son ciertas las respuestas a) y b).

54. a) Son mesas de trabajo de acero inoxidable y en su parte inferior tiene instalado un sistema frigorífico.

55. d) Todas las respuestas son correctas.

56. a) Por batido y enfriamiento.

57. c) Una gratinadora.

58. d) Todas las respuestas son ciertas.

59. c) Ambas respuestas son correctas.

60. a) Con productos desincrustantes y poder bactericida.

61. c) Cada vez que se utilice.

62. b) Agua jabonosa .

63. a) Las marmitas y rustideras fijas.

64. c) Desinfección química.

65. b) Diaria y tantas veces como sea necesario.

66. b) Después de cada jornada.

67. b) Tamizar ingredientes en polvo para obtener una textura uniforme y sin grumos.

68. b) Soportan altas temperaturas y se recuperan rápidamente del calor.

69. a) Chaira.

70. c) Alcanzando temperaturas cercanas a los 500 ºC para convertir la suciedad en gases y cenizas.

TEST N.º 3

Términos culinarios mayor uso en cocina. Métodos básicos del cocinado. Definición, usos, aplicaciones y procesos. Control de calidad de procesos

1. ¿Qué es espalmar?

a) Echar caldo hirviendo sobre pan, con el fin de hacer sopa.
b) Obtener fruta con azúcar cristalizada.
c) Recubrir un molde por el interior.
d) Adelgazar un género mediante golpes suaves.

2. ¿Qué es acanalar?

a) Dar forma de pelota de rugby a los tubérculos.
b) Cortar en dados.
c) Dar forma de cestitas para rellenar.
d) Decorar una verdura tallando su piel en tiras.

3. ¿Cómo se denomina la acción de incorporar leche a una masa o salsa?

a) Aderezar.
b) Ablactar.
c) Enlechar.
d) Albardar.

4. ¿Qué es albardar?

a) Recubrir con una lámina fina de tocino determinadas carnes y aves con poca grasa, para que resulten más jugosas y no se sequen al cocinarlas.
b) Hacer canales o estrías a las naranjas.
c) Aliñar o condimentar.
d) Cortar en rodajas una verdura.

5. ¿Qué es bridar una pieza de carne?

a) Atar con un hilo para que no se deforme durante la cocción.
b) Cortar en filetes finos.
c) Asar al horno de leña.
d) Ninguna respuesta es correcta.

6. ¿Qué es empanar?

a) Recubrir un alimento con harina antes de freírlo.
b) Recubrir un alimento con pan rallado antes de freírlo.
c) Meter un alimento entre dos porciones de pan antes de comerlo.
d) Servir un alimento en el plato.

7. ¿Cómo se denomina la acción de cocinar un género a fuego lento en una pequeña cantidad de materia grasa?

a) Refreír.
b) Rehogar.
c) Gratinar.
d) Empanar.

8. ¿Cómo se denomina la acción de recubrir completamente un preparado con una salsa lo suficientemente espesa?

a) Napar.
b) Salsear.
c) Espesar.
d) Encamisar.

9. ¿Qué es mechar?

a) Cortar la carne asada en filetes muy finos para servir con salsa.
b) Cocer la carne en un utensilio con una mecha de alcohol.
c) Introducir en la carne cruda tiras de panceta, zanahorias, trufas, etc.
d) Cortar las verduras para menestra.

10. Risolar en cocina, se refiere a:

a) Poner en salmuera un género crudo para su conservación.
b) Dorar un género a fuego vivo, con grasa, que resultará totalmente cocinado.
c) Añadir condimentos a un género para darle olor o sabor.
d) Regar un preparado que se está cocinando, con un líquido.

11. Acaramelar es:

a) Sazonar.
b) Dar brillo con jalea (zumo de frutas con azúcar) gelatina o grasa a un preparado.
c) Hacer pequeños surcos en la piel de algunas frutas o verduras con el fin de embellecerlas.
d) Bañar o cubrir con caramelo un preparado.

12. Poner jugo de limón o vinagre al agua para cocinar algunos platos es:

a) Albardar.
b) Acidular.
c) Acaramelar.
d) Sazonar.

13. Culinariamente, emborrachar un alimento significa:

a) Empapar un postre con almíbar, vino o licor.
b) Marearlo en una sartén hasta que esté hecho.
c) Hervirlo en alcohol.
d) Todas las respuestas son correctas.

14. Sumergir en agua hirviendo un género, manteniéndolo poco tiempo, se corresponde con la definición de:

a) Empanar.
b) Emborrachar.
c) Cocer.
d) Escaldar.

15. Una guarnición de tomate picado gruesamente sin piel ni pepitas y rehogado es:

a) Una concasse.
b) Una cocotera.
c) Una chiffonada.
d) Todas son correctas.

16. Glasear es:

a) Coagular por medio de temperaturas de "menos cero" una mezcla de repostería llamada helado.
b) Tostar la superficie de un género en un horno fuerte, salamandra o gratinador.
c) Cubrir un preparado de pastelería con azúcar fondant, mermelada, azúcar glass.
d) Presionar con el rodillo, dándole movimiento de rotación de atrás hacia delante, sobre una pasta, para adelgazarla.

17. ¿Cuál de las siguientes afirmaciones es cierta, en relación con el corte en juliana?

a) No existe dicho corte en los trabajos de cocina.
b) Es un corte en láminas redondas y de gran espesor.
c) Forma de cortar en tiras de 3 a 5 centímetros de largo por 1 a 3 milímetros de grueso.
d) Ninguna de las respuestas es correcta.

18. Macerar significa:

a) Añadir a un preparado un elemento de ligazón para espesarlo. Mezclar diversos ingredientes formando una única masa o género.
b) Espolvorear con azúcar glass, también llamado azúcar lustra, un preparado dulce.
c) Poner a remojar en vino, licor o aguardiente, etc., alimentos muy diversos (frutas, carnes), con el fin de que adquieran parte de su sabor.
d) Poner géneros en compañía de vino, hortalizas y hierbas aromáticas, para ablandarlos aromatizarlos y conservarlos.

19. Dejar envejecer una carne para que se ablande, desde un punto de vista culinario, se denomina:

a) Macerar.
b) Sazonar.
c) Mortificar.
d) Pochar.

20. Rebozar consiste en:

a) Cubrir un género de una ligera capa de harina y otra posteriormente de huevo batido, antes de freírlo.
b) Quitar la cáscara superficial de ciertos alimentos.
c) Desmenuzar un género por medio de la máquina ralladora o rallador manual.
d) Ninguna de las anteriores respuestas es correcta.

21. ¿Con qué término italiano se designa la textura de la pasta cocida cuando presenta firmeza al ser mordida, no muy blanda por fuera y poco hecha en su interior?

a) Risotto.
b) Al dente.
c) Carpaccio.
d) Todas son correctas.

22. Añadir un líquido (agua, vino, vinagre) al utensilio donde se ha elaborado un ave, un pescado o una carne, para recuperar la grasa o jugos depositados y caramelizados, se denomina:

a) Caramelizar.
b) Sazonar.

c) Desglasar.
d) Abrasar.

23. ¿Cuál de los siguientes términos es sinónimo de tostar?

a) Rustir.
b) Soflar.
c) Sufratar.
d) Ninguno de las anteriores.

24. El fricasé es:

a) Hielo al que se ha golpeado para picarlo. Bebida que se enfría en hielo picado. Acción de incorporar hielo picado.
b) Surtido de fritos; también puede estar compuesto por una sola especie, como es el caso de la fritada de pimientos que, como dice la palabra, sólo contiene pimientos. A la fritada de verduras se le conoce como pisto o ratatuille.
c) Generalmente carne cortada en pequeños filetitos para una elaboración posterior. Setas cortadas a tiras.
d) Producto comestible natural, que generalmente se consume sin ningún tipo de elaboración.

25. ¿Cómo se denomina gallina alimentada especialmente para el engorde, cuya edad para el sacrificio no ha de ser superior a 8 meses?

a) Pularda.
b) Popietas.
c) Purrusalda.
d) Pipirrana.

26. ¿De qué factores depende la eficacia de la transferencia de energía durante el calentamiento de un alimento?

a) Únicamente de la intensidad de la fuente de calor.
b) De las características del alimento y de la intensidad de la fuente de calor.
c) Del tipo de cocción empleado exclusivamente.
d) De la cantidad de alimento a calentar.

27. ¿Qué ventajas tiene la cocción al vapor?

a) Reduce la pérdida de nutrientes en disolución.
b) Cuece mejor los alimentos.
c) Reduce el gasto de energía.
d) Todas las respuestas son correctas.

28. ¿Qué tipo de cocción requiere temperaturas más elevadas?

a) Cocción con agua.
b) Cocción al vapor.
c) Cocción con aceite.
d) Todas requieren la misma temperatura.

29. ¿Qué efecto tiene la rehidratación sobre los productos alimenticios?

a) Aumento de volumen.
b) Reducción de volumen.
c) Endurecimiento.
d) Enranciamiento.

30. ¿Qué efecto tiene el calor sobre las grasas?

a) Enranciamiento.
b) Aumento de poder energético.
c) Fusión.
d) Endurecimiento.

31. ¿Qué factor determina el tipo de cocción?

a) La forma del alimento.
b) La cantidad de unidades.
c) El tipo de radiaciones.
d) Todas las respuestas son correctas.

32. ¿Qué tipo de cocción es el salteado?

a) Por concentración.
b) Por expansión.
c) Mixta.
d) Ninguna respuesta es correcta.

33. ¿Qué es correcto en la cocción a partir de un líquido frío?

a) Solo se puede hacer en agua.
b) Nunca se puede hacer con caldo porque debería estar hirviendo.
c) Consiste en preparar agua o un fondo de cocción apropiado y cuando se enfría se introduce el género y se inicia el calentamiento.
d) Son correctas las respuestas a y b.

34. ¿Qué método de cocción se habrá utilizado para elaborar unas patatas fritas?

a) Fritura con protección.
b) Fritura sin protección.

c) Fritura con cobertura de masa.
d) Salteado.

35. Cuando la carne roja a la parrilla presenta consistencia resistente y color interior rosado, ¿qué punto de cocción ha alcanzado?

a) Bleu.
b) Saignant.
c) Au point.
d) Bien cuit.

36. ¿Cómo se prepara el asado al horno en seco?

a) Se introduce tras precalentar el horno y el calor se produce en ambiente cerrado y seco.
b) Se realiza a una temperatura menor de 200 ºC
c) No es necesario dar la vuelta al género.
d) Todas las respuestas son correctas.

37. ¿En qué consiste la cocción al horno en papillot?

a) Se coloca el recipiente con el alimento sobre una placa que contiene el agua.
b) Se cuece el alimento junto a su guarnición en un papel untado de grasa y cerrado herméticamente.
c) Se introduce el alimento sobre un líquido frío y se lleva a ebullición.
d) Se coloca el alimento en seco dentro del horno con grill.

38. ¿Cómo se realiza el escalfado?

a) El líquido del escalfado se pone a hervir para después retirarlo del fuego e introducir la pieza y tapar hasta la cocción del género sin aplicarle más calor.
b) El líquido se mantiene en una temperatura próxima al punto de ebullición, y se introduce el género hasta su total cocción sin tapar.
c) Ambas respuestas son correctas.
d) Ninguna respuesta es correcta.

39. ¿Cómo es la cocción al vacío?

a) Cocción breve a alta temperatura.
b) Cocción breve a baja temperatura.
c) Cocción larga a alta temperatura.
d) Cocción larga a baja temperatura.

40. ¿Para qué productos se aplica el vacío compensado?

a) Fruta escarchada.
b) Carne desecada.

c) Pescado.
d) Patatas fritas.

41. ¿Qué es un abatidor?

a) Una célula de enfriamiento mecánico.
b) Un horno.
c) Una envasadora.
d) Un baño maría.

42. Para reducir la pérdida de nutrientes de un alimento:

a) Cocinaremos a través de vapor.
b) La cocción en aceite es la más recomendada.
c) Lo esterilizaremos después de su cocinado.
d) No importa qué método de cocción se aplique pues todos resultan igual de eficaces para su conservación.

43. ¿De qué gama son los productos alimenticios limpios precocinados y envasados?

a) Segunda.
b) Tercera.
c) Cuarta.
d) Quinta.

44. ¿Qué ventaja tiene la cadena caliente?

a) La prolongación de la vida útil.
b) La posibilidad de improvisar.
c) La optimización del uso de los recursos técnicos.
d) La reducción de propiedades nutritivas.

45. ¿Cuál de los siguientes no es un sistema válido para la regeneración de alimentos?

a) Hornos de regeneración.
b) Hornos microondas.
c) Hornos de convección-vapor.
d) Carros isotérmicos.

46. Para definir un plan de calidad, ¿qué criterios se utilizarán?

a) Criterios subjetivos.
b) Criterios objetivos.
c) Criterios generales.
d) La calidad es siempre subjetiva, por lo que no se deben establecer criterios.

47. ¿Qué finalidad tienen las medidas preventivas?

a) Detectar los riesgos y puntos críticos y buscar la manera de evitar fallos o desviaciones sobre lo planificado.
b) Solucionar los problemas una vez que se han producido y detectado.
c) Comprobar que se cumplen los criterios de calidad en todos y cada uno de los puntos del proceso, y que las medidas correctoras son eficaces y resuelven los problemas.
d) Todas las respuestas son correctas.

48. ¿Cuál de los siguientes es un objetivo de un plan de calidad?

a) El producto o servicio resultarán satisfactorios para el cliente, respondiendo a sus expectativas.
b) El proceso para su obtención será tecnológicamente posible.
c) El servicio se realizará en condiciones adecuadas, tanto higiénicas como tecnológicas.
d) Todas las respuestas son correctas.

49. ¿Cuál sería la primera fase en un proceso de control de calidad?

a) Detección de problemas en cualquier fase.
b) Determinar las causas.
c) Proponer medidas correctoras, e implantarlas.
d) Verificar que se ha resuelto el problema.

50. ¿Cuál de las siguientes no es una característica del plan de calidad?

a) Flexibilidad.
b) Rigidez.
c) Revisión permanente.
d) Dirigido a la mejora continua.

51. ¿Cuál de los siguientes es un sistema de calidad específico para las empresas turísticas españolas?

a) Sistema ISO.
b) Modelo EFQM.
c) Sistema de Calidad Turístico Español.
d) Todas las respuestas son correctas.

52. ¿Qué es la marca Q?

a) Marca de calidad turística.
b) Empresa con algún sistema de calidad implantado.
c) Garantía de turismo ecológico.
d) No existe la marca Q.

53. ¿Cuál de las siguientes es una competencia del Ayudante de cocina en el proceso de la calidad y seguridad alimentaria en el área de recepción y almacenamiento de mercancías de una cocina?

a) Conservación de equipos y maquinaria según instrucciones de mantenimiento.

b) Supervisar los primeros platos.

c) Uso y manipulación de productos de limpieza siguiendo las instrucciones de seguridad y teniendo en cuenta su posible toxicidad y riesgo para el medio ambiente.

d) Emplatado de comida respetando las condiciones higiénicas básicas.

54. ¿Cuál de las siguientes es una competencia del Ayudante de cocina en el proceso de la calidad y seguridad alimentaria en el área de distribución y emplatado de una cocina?

a) Conservación, envasado y regeneración de género y elaboraciones siguiendo instrucciones recibidas.

b) Racionado, troceado y picado de materias primas según su utilización y su máximo aprovechamiento.

c) Enchufar carros de baño maría, controlando la temperatura adecuada.

d) Higienización de materiales y equipos de cocina respetando siempre la separación de los circuitos de trabajo y la separación de áreas en cocina.

55. ¿Cuál es uno de los principales objetivos de la norma ISO 22000:2018 en la gestión de la seguridad alimentaria?

a) Sustituir por completo el sistema de Análisis de Peligros y Puntos Críticos de Control (APPCC).

b) Garantizar la certificación obligatoria de todas las empresas de la cadena alimentaria.

c) Reforzar la seguridad de los alimentos y fortalecer la confianza del consumidor.

d) Eliminar la necesidad de cooperación entre los diferentes actores de la cadena alimentaria.

Solución al test n.º 3

1. d) Adelgazar un género mediante golpes suaves.

2. d) Decorar una verdura tallando su piel en tiras.

3. b) Ablactar.

4. a) Recubrir con una lámina fina de tocino determinadas carnes y aves con poca grasa, para que resulten más jugosas y no se sequen al cocinarlas.

5. a) Atar con un hilo para que no se deforme durante la cocción.

6. b) Recubrir un alimento con pan rallado antes de freírlo.

7. b) Rehogar.

8. a) Napar.

9. c) Introducir en la carne cruda tiras de panceta, zanahorias, trufas, etc.

10. b) Dorar un género a fuego vivo, con grasa, que resultará totalmente cocinado.

11. d) Bañar o cubrir con caramelo un preparado.

12. b) Acidular.

13. a) Empapar un postre con almíbar, vino o licor.

14. d) Escaldar.

15. a) Una concasse.

16. c) Cubrir un preparado de pastelería con azúcar fondant, mermelada, azúcar glass.

17. c) Forma de cortar en tiras de 3 a 5 centímetros de largo por 1 a 3 milímetros de grueso.

18. c) Poner a remojar en vino, licor o aguardiente, etc., alimentos muy diversos (frutas, carnes), con el fin de que adquieran parte de su sabor.

19. c) Mortificar.

20. a) Cubrir un género de una ligera capa de harina y otra posteriormente de huevo batido, antes de freírlo.

21. b) Al dente.

22. c) Desglasar.

23. a) Rustir.

24. c) Generalmente carne cortada en pequeños filetitos para una elaboración posterior. Setas cortadas a tiras.

25. a) Pularda.

26. b) De las características del alimento y de la intensidad de la fuente de calor.

27. a) Reduce la pérdida de nutrientes en disolución.

28. c) Cocción con aceite.

29. a) Aumento de volumen.

30. c) Fusión.

31. a) La forma del alimento.

32. a) Por concentración.

33. c) Consiste en preparar agua o un fondo de cocción apropiado y cuando se enfría se introduce el género y se inicia el calentamiento.

34. b) Fritura sin protección.

35. c) Au point.

36. a) Se introduce tras precalentar el horno y el calor se produce en ambiente cerrado y seco.

37. b) Se cuece el alimento junto a su guarnición en un papel untado de grasa y cerrado herméticamente.

38. c) Ambas respuestas son correctas.

39. d) Cocción larga a baja temperatura.

40. d) Patatas fritas.

41. a) Una célula de enfriamiento mecánico.

42. a) Cocinaremos a través de vapor.

43. c) Cuarta.

44. b) La posibilidad de improvisar.

45. d) Carros isotérmicos.

46. b) Criterios objetivos.

47. a) Detectar los riesgos y puntos críticos y buscar la manera de evitar fallos o desviaciones sobre lo planificado.

48. d) Todas las respuestas son correctas.

49. a) Detección de problemas en cualquier fase.

50. b) Rigidez.

51. c) Sistema de Calidad Turístico Español.

52. a) Marca de calidad turística.

53. a) Conservación de equipos y maquinaria según instrucciones de mantenimiento.

54. c) Enchufar carros de baño maría, controlando la temperatura adecuada.

55. c) Reforzar la seguridad de los alimentos y fortalecer la confianza del consumidor.

TEST N.º 4

Despiece de aves, vacuno menor y mayor, ovino, porcino. Pescados y mariscos, clases, racionado, elaboraciones, aplicaciones y conservación

1. ¿Cuál es el macho adulto castrado de los bóvidos?

a) Toro.
b) Buey.
c) Ternero.
d) Choto.

2. ¿Cómo se denomina el porcino desde que nace hasta el destete?

a) Lechón.
b) Tostón.
c) Verraco.
d) Cerdo.

3. ¿De dónde es autóctono el cerdo ibérico?

a) De América.
b) De Asia.
c) De Suiza.
d) De España.

4. ¿Qué parte del vacuno es primera B?

a) Solomillo.
b) Babilla.
c) Aguja.
d) Costillar.

5. ¿Qué aves son de categoría A?

a) Las que presentan algunos golpes.
b) Las que tienen rotura de piel.

c) Las que no tienen golpes ni roturas.
d) Las que tienen daños externos graves.

6. ¿Qué son derivados cárnicos?

a) Productos alimenticios preparados totalmente con carne.
b) Productos alimenticios preparados totalmente con despojos.
c) Productos alimenticios preparados parcialmente con carnes y despojos.
d) Todas las respuestas son correctas.

7. ¿Qué es el chorizo?

a) Embutido de vísceras.
b) Embutido de sangre.
c) Embutido de carne.
d) Fiambre.

8. ¿Cuáles son las hembras de ave adultas dedicadas a la reproducción?

a) Gallina.
b) Pularda.
c) Perdiz.
d) Pollo.

9. ¿Cuál de las siguientes afirmaciones es verdadera?

a) Las carnes son ricas en proteínas de bajo valor biológico, ya que su contenido en aminoácidos esenciales no es bueno.
b) En el tejido conjuntivo es rico en todos los aminoácidos esenciales.
c) Las grasas de las carnes son ricas en ácidos grasos saturados y colesterol.
d) Se consideran carnes grasas las de pollo, pavo y conejo.

10. ¿Cómo se lavará la carne?

a) Bajo el chorro de agua cuando está troceada.
b) Con agua potable.
c) Solo cuando la canal está entera.
d) No se lavará la carne.

11. ¿Qué es la aleta?

a) Carne que está sobre las costillas.
b) Parte inferior de la pierna.
c) Parte situada sobre el esternón y parte de las costillas.
d) El cuello del animal.

12. ¿Cómo se denomina la parte del vacuno situada por encima de las costillas, que está más cercana al cuarto delantero?

a) Lomo alto.
b) Lomo bajo.
c) Solomillo.
d) Contra.

13. ¿Cuál es la carne con grasa de la parte ventral del cerdo?

a) Codillo.
b) Jamón.
c) Aguja.
d) Panceta.

14. ¿Cuál de los siguientes se denomina escalope?

a) Filete fino de tamaño pequeño, que se sirve salteado o breseado si se obtiene de piezas duras como redondo o contra.
b) Fracción de unos 125 gramos, que se puede obtener de distintas piezas.
c) Filete no muy grueso que se empana y fríe.
d) Porción gruesa que se obtiene del morcillo.

15. En el despiece del cerdo ibérico, ¿de dónde se saca la "presa"?

a) De la porción anterior al lomo.
b) De la porción adosada a la escápula.
c) De la parte final o posterior del lomo.
d) Del extremo superior de la falda, próximo al cabecero.

16. ¿De qué manera se cortan las patas en las aves?

a) Con un golpe de cuchillo.
b) Se da un corte alrededor de la rótula, y se troncha la pata para que se separe.
c) Se troncha directamente la pata.
d) Tirando de la pata.

17. ¿Qué órgano se deja al limpiar las aves pequeñas?

a) Riñón.
b) Corazón.
c) Higadillos.
d) Estómago.

18. ¿Cuál es carne refrigerada?

a) Aquella que además de las manipulaciones normales, sufre la acción del frio industrial hasta que el centro de la masa muscular tiene una temperatura algo superior a la de congelación.
b) Aquella que se somete a frío por debajo de -12 ºC.
c) Aquella que no alcanza los -12 ºC porque se congelaría.
d) Ninguna de las anteriores es carne refrigerada.

19. ¿Cómo se denomina el tocino que presenta cierta cantidad de fibra muscular entre la grasa?

a) Panceta.
b) Entreverado.
c) Bacon.
d) Ibérico.

20. ¿A qué se debe la diferencia de color entre las carnes blancas y rojas?

a) A la presencia de un pigmento (mioglobina) que transporta oxígeno en la sangre, y que da la tonalidad oscura en las carnes rojas.
b) A la ausencia de un pigmento (hemoglobina) que transporta oxígeno a la sangre, y que da la tonalidad en las carnes rojas.
c) A la presencia de colorantes industriales.
d) A la presencia de pigmentos vegetales que provienen de la alimentación del animal.

21. ¿Qué textura tendrá la carne?

a) La carne es un alimento sólido pero será tierno.
b) No resultará excesivamente blando.
c) No resultará ni duro, ni fibroso ni correoso.
d) Todas las respuestas son correctas.

22. ¿Cuál de estos factores influyen en la calidad de la carne?

a) Edad y género.
b) Raza, sacrificio y tratamiento.
c) Alimentación y estado sanitario.
d) Todas las respuestas son correctas.

23. ¿Qué es el rendimiento de la carne?

a) La parte no utilizable del animal.
b) La parte utilizable del animal.

c) El factor comestible.
d) La parte del lomo y las patas exclusivamente.

24. ¿A qué grupo pertenecen las palomas?

a) Columbae.
b) Ánsares.
c) Gallináceas.
d) Porcino.

25. ¿Cómo se denomina el pollo de pequeño tamaño (unos 300 gr en limpio), carne muy tierna y especial para hacer a la parrilla abierto?

a) Picantón.
b) Tomatero.
c) Coquelet.
d) Pollo de grano.

26. En los venados, ¿qué animal es más grande?

a) Macho.
b) Hembra.
c) Cervato.
d) El macho y la hembra son iguales. El cervato más pequeño.

27. ¿Cuál es el cérvido más pequeño?

a) Gamo.
b) Jabalí.
c) Corzo.
d) Ciervo.

28. ¿Cuál de estas partes pertenecen al cuarto delantero del vacuno?

a) Llana.
b) Solomillo.
c) Babilla.
d) Tapa.

29. ¿A qué se debe la pérdida de materia prima en la carne?

a) Mala manipulación.
b) Elección de piezas inadecuadas.
c) Técnicas de elaboración aplicadas.
d) Todas las respuestas son correctas.

30. ¿Cuál de las siguientes carnes tienen mayor factor comestible?

a) Bistec de buey.
b) Lomo de cerdo.
c) Gallina.
d) Pierna de cordero.

31. ¿Qué diferencia hay entre las carnes rojas y blancas?

a) Las carnes rojas tienen mayor contenido graso que las blancas.
b) Las carnes rojas provienen generalmente de animales jóvenes, y las blancas del adulto.
c) Las carnes rojas tienen menor contenido en hemoglobina.
d) Todas las respuestas son correctas.

32. ¿Para cuál de estas piezas es adecuada la elaboración en parrilla?

a) Grandes piezas duras.
b) Carnes fileteadas.
c) Carnes tiernas troceadas.
d) Carnes duras troceadas.

33. ¿Cómo es el punto de cocción bleu?

a) Vuelta y vuelta.
b) En su punto.
c) Bien hecho.
d) Muy pasada.

36. ¿A qué piezas de bovino se aplica la técnica de cocinado "a la broché"?

a) Chuletas.
b) Solomillo.
c) Filete.
d) Despojos.

35. De la carne de cerdo ¿qué pieza es adecuada para un escalfado?

a) Panceta.
b) Medallones.
c) Paletilla.
d) Codillo.

36. ¿Cómo se prepara una pintada?

a) Albardada.
b) Breseada.

c) Estofada.
d) Todas las respuestas son correctas.

37. ¿Qué son los despojos?

a) Órganos del animal no comestibles.
b) Órganos del animal aptos para la alimentación humana.
c) Musculatura interna del animal.
d) Desperdicio de la carne.

38. ¿De qué categoría son las chuletas de riñonada de cerdo?

a) Extra.
b) Primera.
c) Segunda.
d) Tercera.

39. ¿Qué tipo de pescado es la merluza?

a) Azul.
b) Blanco.
c) Salado.
d) Semigraso.

40. ¿Qué característica presentará el pescado fresco?

a) Agallas de color rojizo vivo y limpio.
b) Ojos opacos.
c) Carne blanda que se separa fácilmente de la espina.
d) Todas las respuestas enumeran características de frescura.

41. ¿Qué característica nutricional tiene el arenque?

a) Su contenido en ácidos grasos poliinsaturados como los omega 6.
b) Su contenido en ácidos grasos poliinsaturados como los omega 3 (docosahexanoico o DHA y eicosapentanoico o EPA).
c) Su contenido en ácidos grasos saturados.
d) Su contenido en ácidos grasos monoinsaturados.

42. ¿Qué vitaminas no son características del atún?

a) Vitamina A.
b) Vitamina D.
c) Vitamina E.
d) Vitamina K.

43. ¿Dónde haría la incisión en el pescado para eviscerar?

a) En la parte inferior.
b) En la parte superior.
c) En la parte dorsal.
d) En la parte posterior.

44. ¿Qué es el medallón?

a) Un corte de pescado.
b) Un corte de verdura.
c) Un corte de carne.
d) Un corte de aves.

45. ¿Cómo se logra que los moluscos suelten la arena de su interior?

a) Con agua caliente.
b) Cubriendo de sal.
c) Con agua fría y sal.
d) Manualmente.

46. ¿Cuándo se considera que un pescado es fresco?

a) Cuando ha sufrido operaciones de conservación tras su captura.
b) Cuando ha sido conservado a bordo de los pesqueros en salmuera refrigerada.
c) Cuando ha sido congelado.
d) En todos estos casos.

47. ¿Cuál de estos signos indica pescado no fresco?

a) Carne flácida.
b) Ojos brillantes.
c) Color y olor normal.
d) Todas las respuestas son correctas.

48. ¿Qué es cierto sobre el mantenimiento del pescado fresco?

a) Los recipientes tendrán orificios en la base para la salida del agua resultante del hielo al derretirse.
b) Se mantendrá por debajo de los 0 ºC.
c) Se apilarán todas las cajas.
d) Todas las respuestas son correctas.

49. ¿Cómo se conserva el pescado salado?

a) Por acción prolongada de la sal común en forma sólida.
b) Por acción de sal en forma de salmuera.

c) Por acción del humo.
d) Son correctas las respuestas a) y b).

50. ¿Qué tareas previas al ahumado del pescado se deben realizar?

a) Eviscerado.
b) Acción de salmuera.
c) Desecación.
d) Todas las anteriores.

51. ¿Qué afirmación es cierta?

a) El pescado tiene un contenido proteico similar a la carne.
b) Las proteínas del pescado tienen menor valor biológico que las de la carne.
c) En pescado y marisco hay una cantidad relevante de hidratos de carbono.
d) Todas las respuestas anteriores son ciertas.

52. ¿Qué es el omega 3?

a) Ácido graso que no aporta el pescado.
b) Sustancia con efectos beneficiosos para la salud actuando como preventivo de las enfermedades cardiovasculares y sus factores de riesgo asociado.
c) Una vitamina.
d) Todas las respuestas son correctas.

53. ¿Cuál de los siguientes es un molusco?

a) Caracol.
b) Sepia.
c) Langosta.
d) Cachalote.

54. En el pescado fresco, que aspecto presentará la espina central?

a) Transparente y del tono de la carne.
b) Rojo intenso.
c) Blanco.
d) Opaco y oscuro.

55. ¿Cuál es la temporada óptima para el consumo del atún?

a) De julio a septiembre.
b) De julio a febrero.
c) De marzo a junio.
d) De marzo a mayo.

56. ¿Cuál de los siguientes pescados se puede encontrar durante todo el año?

a) Mero.
b) Lubina.
c) Gallo.
d) Congrio.

57. ¿Qué pescado se denomina zapatilla?

a) Lubina.
b) Dorada.
c) Jurel.
d) Palometa.

58. ¿En qué época se puede encontrar y consumir la carpa?

a) Primavera.
b) Verano.
c) Otoño e invierno.
d) Durante todo el año.

59. ¿Cómo son las rodajas de pescado?

a) Sin piel.
b) Con piel, carne y espinas.
c) Sin espinas.
d) Sin piel ni espinas.

60. ¿Cómo se denomina la pasta confeccionada con pescado sin piel ni espina y enriquecida con nata e incluso picadillo, que se emplea como guarnición o como plato?

a) Darné.
b) Popietas.
c) Quenefa.
d) Trancha.

61. ¿Qué pesa más de media?

a) Una rodaja de pescado.
b) Un medallón.
c) Una suprema.
d) Una popieta.

62. ¿Cómo se elaboran las popietas?

a) Cubiertas con salsa.
b) Rellenos de una farsa o un picadillo trufado.
c) Desecados.
d) Ninguna respuesta es correcta.

63. ¿Cómo se hierve el pescado?

a) En agua, caldo corto, o fumet.
b) En abundante agua, partiendo de frío.
c) Por tiempo prolongado.
d) Todas las respuestas son correctas.

64. ¿En qué líquido se hierve el pescado al natural?

a) En agua sola.
b) En aceite.
c) En agua con limón y sal.
d) En fumet concentrado.

65. ¿Cómo se preparan las piezas para bufé?

a) El pescado debe colocarse en un recipiente de forma y tamaño apropiados, sobre el que se dispone, envuelto en estameña, en ocasiones bridado.
b) Se incorpora en frío al fumet, zumo de limón, sal, puerro, laurel, clavo, pimienta, etc.
c) A fuego sin tapar y no demasiado fuerte, con el fin de facilitar la penetración paulatina del calor, evitando que la piel se desgarre y rompa.
d) Todas las respuestas son correctas.

66. ¿Cuánto tiempo aproximado se necesita para hervir un salmón de 3 kg aproximados de peso?

a) 10 minutos.
b) 30 minutos.
c) 60 minutos.
d) 90 minutos.

67. ¿De qué manera se elabora el pescado poché?

a) Escalfado.
b) Hervido en agua y limón.
c) Frito.
d) Asado.

68. ¿Cómo se comercializan los mariscos?

a) Vivos.
b) Congelados.
c) Cocidos.
d) Todas las respuestas son correctas.

69. ¿Qué pescado es el arenque?

a) Una sardina.
b) Un pescado desecado.
c) Un pescado de cuerpo alargado, con una curvatura oval, y una mandíbula inferior sobresaliente.
d) Las respuestas a) y b) son correctas.

70. ¿Qué color tiene el cabracho?

a) Rojo cobrizo.
b) Azul verdoso.
c) Plateado.
d) Blanco rayado.

71. Pez con una gran cabeza aplastada y con una boca con dientes muy agudos:

a) Rape.
b) Pez de San Pedro.
c) Japuta.
d) Salmonete.

72. ¿Para qué elaboración se utilizan las "orejas de rape"?

a) Caldos.
b) Guisos marineros.
c) No se utilizan.
d) Las respuestas a) y b) son correctas.

73. ¿Qué característica define al pescado salado según su proceso de conservación?

a) Se conserva mediante el uso exclusivo de refrigeración.
b) Se somete a la acción prolongada de la sal común en forma sólida o de salmuera.
c) Se considera cualquier pescado fresco con una ligera capa de sal en su superficie.
d) Solo puede conservarse mediante el secado posterior al salado.

74. ¿Cuál es la temperatura recomendada para la cocción del pescado hervido?

a) Entre 60 y 70 ºC.
b) Entre 85 y 95 ºC.
c) A 100 ºC en hervor fuerte.
d) A menos de 50 ºC para evitar que se deshaga.

75. ¿Por qué es importante someter a los caracoles a un período de ayuno antes de cocinarlos?

a) Para mejorar su textura y hacerlos más tiernos.
b) Para eliminar residuos de comida en su aparato digestivo y excretor que podrían afectar el sabor.
c) Para reducir su contenido en grasa y hacerlos más saludables.
d) Para facilitar su conservación en envases herméticos.

Solución al test n.º 4

1. b) Buey.

2. a) Lechón.

3. d) De España.

4. c) Aguja.

5. c) Las que no tienen golpes ni roturas.

6. d) Todas las respuestas son correctas.

7. c) Embutido de carne.

8. a) Gallina.

9. c) Las grasas de las carnes son ricas en ácidos grasos saturados y colesterol.

10. b) Con agua potable.

11. c) Parte situada sobre el esternón y parte de las costillas.

12. a) Lomo alto.

13. d) Panceta.

14. c) Filete no muy grueso que se empana y fríe.

15. b) De la porción adosada a la escápula.

16. b) Se da un corte alrededor de la rótula, y se troncha la pata para que se separe.

17. c) Higadillos.

18. a) Aquella que además de las manipulaciones normales, sufre la acción del frio industrial hasta que el centro de la masa muscular tiene una temperatura algo superior a la de congelación.

19. b) Entreverado.

20. a) A la presencia de un pigmento (mioglobina) que transporta oxígeno en la sangre, y que da la tonalidad oscura en las carnes rojas.

21. d) Todas las respuestas son correctas.

22. d) Todas las respuestas son correctas.

23. b) La parte utilizable del animal.

24. a) Columbae.

25. c) Coquelet.

26. a) Macho.

27. c) Corzo.

28. a) Llana.

29. d) Todas las respuestas son correctas.

30. b) Lomo de cerdo.

31. a) Las carnes rojas tienen mayor contenido graso que las blancas.

32. b) Carnes fileteadas.

33. a) Vuelta y vuelta.

34. b) Solomillo.

35. d) Codillo.

36. d) Todas las respuestas son correctas.

37. b) Órganos del animal aptos para la alimentación humana.

38. b) Primera.

39. b) Blanco.

40. a) Agallas de color rojizo vivo y limpio.

41. b) Su contenido en ácidos grasos poliinsaturados como los omega 3 (docosahexanoico o DHA y eicosapentanoico o EPA).

42. d) Vitamina K.

43. a) En la parte inferior.

44. a) Un corte de pescado.

45. c) Con agua fría y sal.

46. b) Cuando ha sido conservado a bordo de los pesqueros en salmuera refrigerada.

47. a) Carne flácida.

48. a) Los recipientes tendrán orificios en la base para la salida del agua resultante del hielo al derretirse.

49. d) Son correctas las respuestas a) y b).

50. d) Todas las anteriores.

51. a) El pescado tiene un contenido proteico similar a la carne.

52. b) Sustancia con efectos beneficiosos para la salud actuando como preventivo de las enfermedades cardiovasculares y sus factores de riesgo asociado.

53. a) Caracol.

54. a) Transparente y del tono de la carne.

55. c) De marzo a junio.

56. a) Mero.

57. b) Dorada.

58. d) Durante todo el año.

59. b) Con piel, carne y espinas.

60. c) Quenefa.

61. a) Una rodaja de pescado.

62. b) Rellenos de una farsa o un picadillo trufado.

63. a) En agua, caldo corto, o fumet.

64. c) En agua con limón y sal.

65. d) Todas las respuestas son correctas.

66. b) 30 minutos.

67. a) Escalfado.

68. d) Todas las respuestas son correctas.

69. c) Un pescado de cuerpo alargado, con una curvatura oval, y una mandíbula inferior sobresaliente.

70. a) Rojo cobrizo.

71. a) Rape.

72. d) Las respuestas a) y b) son correctas.

73. b) Se somete a la acción prolongada de la sal común en forma sólida o de salmuera.

74. b) Entre 85 y 95 ºC.

75. b) Para eliminar residuos de comida en su aparato digestivo y excretor que podrían afectar el sabor.

TEST N.º 5

Fondos de cocina fundamentales y complementarios. Composición variaciones, elaboración, aplicaciones y conservación

1. ¿Qué utilidad tienen los fondos?

a) Aderezar.
b) Ligar.
c) Elaborar rellenos.
d) Todas las anteriores.

2. ¿Qué son las farces?

a) Preparaciones básicas utilizadas para abrillantar, dar cuerpo o decorar en buffet.
b) Caldo de pescado.
c) Elaboraciones de carne o pescado mezcladas con grasa, utilizadas para rellenar géneros.
d) Ninguna respuesta es correcta.

3. ¿Cómo se denomina el preparado a base de harina tostada a fuego lento, y rehogada con grasa, utilizado para ligar?

a) Fondo.
b) Fumet.
c) Roux.
d) Bechamel.

4. ¿Cuáles de los siguientes elementos se utilizan como ligazones?

a) Almidón.
b) Albúmina.
c) Grasas.
d) Todos los anteriores.

5. ¿Qué es una fumet?

a) Un caldo de verduras.
b) Un fondo.

c) Un caldo concentrado de pescado.
d) Las respuestas b) y c) son correctas.

6. ¿De dónde se obtiene la tapioca?

a) De la mandioca.
b) De la harina.
c) De la tapioca.
d) Del arroz.

7. ¿Qué tipo de fondo es el que se obtiene por cocción de carne y huesos de ternera o ave normalmente, junto con hortalizas para condimentar, utilizándose para mojar carne guisada o arroz, así como para elaborar sopas, salsas, o cremas?

a) Fondo negro.
b) Fondo blanco.
c) Fondo gris.
d) Fumet.

8. ¿Cómo se denomina la harina que se obtiene de la mandioca (*Manihot esculenta*)?

a) Arruruz.
b) Fécula.
c) Tapioca.
d) Roux.

9. Al caldo aromatizado que se prepara generalmente con las espinas del pescado blanco se denomina:

a) Caldo blanco.
b) Caldo corlo.
c) Caldo blanco corto.
d) Fume.

10. ¿Para qué sirve un roux?

a) Ligar salsas.
b) Mojar pescado.
c) Conservar alimentos.
d) Escaldar verduras.

11. Reducir una salsa consiste en:

a) Agregar nata a una salsa.
b) Incorporar yemas de huevo a una salsa.

c) Cubrir un alimento con una salsa.
d) Dejar hervir una salsa para hacerla más concentrada.

12. Dentro de que elaboración básica se encuentran los caldos:

a) Salsas.
b) Consomé.
c) Fondos.
d) Potajes.

13. ¿Cuál de las siguientes elaboraciones se obtiene a partir de un fondo blanco?

a) Consomé clarificado.
b) Glacé.
c) Arrurruz.
d) Todas son correctas.

14. ¿Cuántos gramos de harina lleva un roux claro?

a) 50 g.
b) 100 g.
c) 150 g.
d) 200 g.

15. ¿Cuál de los siguientes alimento se utiliza como ligazón de una velouté?

a) Clara.
b) Yema.
c) Nata.
d) Las opciones b) y c) son correctas.

16. ¿Admite vino blanco el fondo oscuro?

a) Sí.
b) No, solo tinto.
c) Los fondos nunca llevan vino.
d) Solo para preparaciones de carne.

17. La media gasa es un fondo derivado de:

a) La Farsa.
b) Un fondo oscuro.
c) Una gelatina.
d) Un fumet.

18. ¿Qué es el *bouquet garni*?

a) Un fondo blanco.
b) Un atado de hierbas aromáticas.
c) Un consomé clarificado.
d) Una gelatina de pesacado.

19. ¿Para qué se clarifica la mantequilla en el roux?

a) Se clarifica para ligar bien la salsa.
b) Se clarifica para que aporte brillo.
c) Se clarifica para impedir que se queme.
d) Se clarifica para quitar los grumos.

20. ¿Cómo se obtiene un glacé en cocina?

a) Mezclando diferentes tipos de fondos sin necesidad de reducción.
b) Evaporando la mayor parte del agua de un fondo a fuego lento hasta obtener una textura espesa y gelatinosa.
c) Añadiendo espesantes artificiales a un fondo para mejorar su consistencia.
d) Cocinando huesos y cartílagos a alta temperatura sin reducir el líquido.

21. ¿Cuál de los siguientes tipos de glacé se obtiene a partir de un fondo de pescado reducido?

a) Glacé de Viande.
b) Glacé de Volaille.
c) Glacé de Poisson.
d) Glacé de Gibier.

22. ¿Qué característica distingue al Consomé Geleé de otras variantes de consomé?

a) Su contenido en verduras cortadas en brunoise.
b) Su textura gelatinosa debido a su alto contenido en colágeno.
c) Su color oscuro y sabor ahumado.
d) Su preparación con claras de huevo para lograr la clarificación.

23. ¿Cuál es el tiempo máximo recomendado para la refrigeración del fumet de pescado?

a) 12 horas.
b) 1 a 2 días.
c) 1 semana.
d) 5 días.

24. ¿Qué es un aparejo en cocina?

a) Una técnica de cocción utilizada para sellar carnes y pescados.
b) Una mezcla homogénea de varios ingredientes utilizada antes de la cocción.
c) Un tipo de salsa espesa utilizada como acompañamiento.
d) Un método de conservación de alimentos mediante deshidratación.

25. ¿Cuál es la función principal de las farsas en cocina?

a) Espesar salsas y cremas para mejorar su textura.
b) Servir como base para caldos y fondos de cocción.
c) Rellenar carnes, pescados, hortalizas, pastas o incluso pasteles.
d) Endurecer masas en repostería mediante la incorporación de mantequilla.

Solución al test n.º 5

1. d) Todas las anteriores.

2. c) Elaboraciones de carne o pescado mezcladas con grasa, utilizadas para rellenar géneros.

3. c) Roux.

4. d) Todos los anteriores.

5. d) Las respuestas b) y c) son correctas.

6. a) De la mandioca.

7. b) Fondo blanco.

8. c) Tapioca.

9. d) Fume.

10. a) Ligar salsas.

11. d) Dejar hervir una salsa para hacerla más concentrada.

12. c) Fondos.

13. a) Consomé clarificado.

14. b) 100 g.

15. d) Las opciones b) y c) son correctas.

16. a) Sí.

17. b) Un fondo oscuro.

18. b) Un atado de hierbas aromáticas.

19. c) Se clarifica para impedir que se queme.

20. b) Evaporando la mayor parte del agua de un fondo a fuego lento hasta obtener una textura espesa y gelatinosa.

21. c) Glacé de Poisson.

22. b) Su textura gelatinosa debido a su alto contenido en colágeno.

23. b) 1 a 2 días.

24. b) Una mezcla homogénea de varios ingredientes utilizada antes de la cocción.

25. c) Rellenar carnes, pescados, hortalizas, pastas o incluso pasteles.

TEST N.º 6

Alteración de los alimentos. Contaminación y condiciones que favorecen el desarrollo de los gérmenes. Recomendaciones para evitar el desarrollo de gérmenes

1. ¿Qué puede ocurrir cuando el alimento es contaminado por microorganismos y tiene cambios en sus características organolépticas?

a) Probablemente sea rechazado antes de su consumo.
b) Hay mayor riesgo.
c) La contaminación es más grave.
d) Es salmonelosis.

2. ¿Cómo se denominan las sustancias tóxicas producidas por microorganismos en los alimentos?

a) Proteínas.
b) Microbicinas.
c) Toxinas.
d) Intoxicaciones.

3. Uno de los factores que influyen en el desarrollo de las enfermedades de transmisión alimentaria es:

a) Contaminación cruzada entre productos crudos y cocinados.
b) Cocción insuficiente de los alimentos.
c) Mantener los alimentos a temperatura ambiente en lugar del refrigerador.
d) Todas son correctas.

4. Ante una infección o intoxicación alimentaria, se debe:

a) Comunicarlo de inmediato a la autoridad sanitaria competente.
b) Tratar de recordar y anotar la relación de menús y alimentos. Consumidos por el grupo de personas afectadas, así como la fecha y el lugar donde se adquirieron.

c) Conservar aislados y refrigerados del resto de alimentos, ya que su análisis puede ser decisivo a la hora de encontrar la causa del problema.

d) Todas son correctas.

5. ¿Cómo se denominan las enfermedades alimentarias debidas a la toxina de un microorganismo?

a) Infecciones alimentarias.
b) Intoxicaciones alimentarias.
c) Toxiinfecciones alimentarias.
d) Enfermedades metabólicas.

6. ¿Cuál/es de las siguientes son bacterias?

a) *Clostridium*.
b) *Brucella*.
c) *Escherichia coli*.
d) Todas las anteriores.

7. ¿Cuáles de los siguientes son parásitos?

a) Salmonella, Clostridium y Vibrio.
b) Hepatitis, Norwalk y Virus de la encelopatía espongiforme bovina.
c) Triquina, Anisakis y protozoos.
d) Todas las respuestas son correctas.

8. ¿En qué alimentos es más fácil la contaminación bacteriana?

a) Aceite.
b) Azúcar.
c) Leche.
d) Harina.

9. ¿Qué son las bacterias anaerobias?

a) Las que necesitan oxígeno para vivir.
b) Las que viven en ausencia de oxígeno.
c) Las que permanecen latentes en condiciones adversas.
d) Ninguna respuesta es correcta.

10. ¿En qué condiciones se desarrolla la bacteria Salmonella?

a) A temperatura ambiente.
b) En la carne picada.

c) En la leche sin pasteurizar.
d) Todas las respuestas indican condiciones adecuadas para el desarrollo de la bacteria.

11. ¿Cómo se destruye el *Clostridium botulinum*?

a) Por congelación.
b) A 65 ºC en el centro del producto.
c) A 120 ºC durante 20 minutos.
d) No se destruye con la temperatura.

12. ¿Cuál de las siguientes bacterias se puede encontrar en las ostras?

a) Yersinia.
b) *Campylobacter.*
c) *Bacillus.*
d) Estafilococo.

13. ¿Cuál de las siguientes bacterias se puede encontrar en la harina?

a) Yersinia.
b) *Campylobacter.*
c) *Bacillus.*
d) Estafilococo.

14. ¿Qué síntomas se producen en la brucelosis?

a) Fiebre, dolor de cabeza y pérdida de apetito.
b) Fiebre, dolor muscular y parálisis facial.
c) Diarreas hemorrágicas.
d) Ninguno de los anteriores.

15. ¿Qué es un Vibrio?

a) Una bacteria.
b) Un virus.
c) Una toxina.
d) Un parásito.

16. ¿De dónde proceden las micotoxinas?

a) Alimentos.
b) Hongos.
c) Agua.
d) Vías respiratorias altas.

17. ¿Qué problemas causa el virus Norwalk?

a) Hemorragia.
b) Parálisis.
c) Gastroenteritis.
d) Muerte.

18. ¿Qué enfermedad es la encefalopatía espongiforme bovina?

a) Enfermedad de las vacas locas.
b) Hepatitis A.
c) Cólera.
d) Ninguna de las anteriores.

19. ¿Qué alimento puede portar el parásito causante de la triquinosis?

a) Fruta.
b) Pescado.
c) Carne.
d) Verdura.

20. ¿Qué enfermedad se previene con la congelación del pescado?

a) Anisomiasis.
b) Botulismo.
c) Gastroenteritis.
d) Hepatitis.

21. ¿Dónde se desarrolla Giardia?

a) En la carne.
b) En la tierra.
c) En el agua.
d) En los ganglios.

22. ¿Cuáles de los siguientes son contaminantes abióticos?

a) Metales pesados.
b) Insectos.
c) Hongos.
d) Protozoos.

23. ¿Qué cantidad mínima se ha de recoger en la muestra de las comidas testigo?

a) Una ración individual de como mínimo de 100 g.
b) Dos raciones de 50 g cada una.

c) Una ración individual de como mínimo de 250 g.
d) Todas son correctas.

24. ¿Cómo se determina el valor aceptable de un punto de control crítico?

a) Estableciendo los límites críticos.
b) Con el último valor obtenido en los análisis.
c) Con la media de los valores obtenidos en los últimos análisis.
d) Es imposible determinar ese valor.

25. ¿Cuáles son las fases para el análisis microbiológico en los alimentos?

a) Toma de muestras.
b) Elección de un método.
c) Interpretación de los resultados.
d) Todas las respuestas son correctas.

26. ¿Qué es el Saturnismo?

a) Una enfermedad bacteriana.
b) Una enfermedad producida por el acúmulo de plomo consumido.
c) Una enfermedad producida por el acúmulo de mercurio consumido.
d) Una enfermedad parasitaria.

27. Cuando se consume carne de ave que está infectada por *Campylobacter*, ¿qué tipo de transmisión se ha dado?

a) Contaminación en origen.
b) Contaminación indirecta.
c) Contaminación cruzada.
d) Contaminación horizontal.

28. La enfermedad de Minamata está producida por la ingesta de:

a) Antibióticos.
b) Mercurio.
c) Anabolizantes.
d) Acrilamida.

29. ¿De qué manera alargan la vida útil de los alimentos, los métodos de conservación?

a) Impidiendo que los microorganismos se multipliquen en el alimento.
b) Impidiendo que se produzcan reacciones químicas que deterioren los alimentos.
c) Reduciendo el número de microorganismos que hay en un alimento.
d) Todas son correctas.

30. ¿Cuál de los siguientes alimentos no es una conserva?

a) Embutidos.
b) Tallarines.
c) Mojama.
d) Yogur.

31. ¿Cuál de las siguientes afirmaciones acerca de la congelación no es cierta?

a) Es un método de conservación que se basa en la inhibición del crecimiento bacteriano.
b) La más correcta es la congelación rápida, ya que la lenta puede deteriorar los alimentos.
c) Se trata de mantener el alimento a una temperatura superior a –18 ºC.
d) La ultracongelación equivale a congelación rápida.

32. ¿Cuál es la función de un abatidor de temperatura?

a) Reducir rápidamente la temperatura de cualquier producto.
b) Aumentar rápidamente la temperatura de un producto hasta 70 ºC en el centro.
c) Conservar los alimentos.
d) Descongelar los alimentos.

33. ¿Cuál de las siguientes afirmaciones sobre la pasteurización es correcta?

a) Es un tratamiento térmico que destruye los microorganismos patógenos, es decir, aquellos que pueden perjudicar la salud del consumidor.
b) Se utiliza cuando un tratamiento de esterilización alteraría las características organolépticas del alimento.
c) Como ofrece menos garantía que la esterilización, va acompañado de otros métodos de conservación como frío o envases tipo brick.
d) Todas las afirmaciones anteriores son correctas.

34. ¿Cuál es la temperatura máxima de conservación de un alimento congelado?

a) –18 ºC.
b) +18 ºC.
c) 0 ºC.
d) 5 ºC.

35. Los boquerones en vinagre son un tipo de conserva de pescado. ¿En qué se basa?

a) En la deshidratación.
b) En la acidificación.
c) En la liofilización.
d) No están conservados.

36. ¿Qué es el encurtido?

a) Un tipo de pepinillo.
b) Un método de conservación que utiliza la temperatura.
c) Un método de conservación que utiliza vinagre.
d) Una forma de preparar pescado.

37. ¿Qué es la salmuera?

a) Un tipo de pescado.
b) Una especia.
c) Sal disuelta en agua.
d) Un método de conservación por frío.

38. ¿Qué alimentos se pueden salar para conservarlos?

a) Pescados.
b) Carnes.
c) Hortalizas.
d) Todos los anteriores.

39. ¿Para qué se utiliza el escabeche?

a) Para enriquecer el sabor.
b) Para conservar.
c) Para disminuir la temperatura del producto.
d) Las opciones a) y b) son correctas.

40. ¿Qué tipo de conservación se usa para los zumos de fruta?

a) Esterilización.
b) Deshidratación.
c) Pasteurización.
d) Congelación.

41. ¿Cómo se debe regenerar un producto refrigerado?

a) Calentando hasta que el centro alcance los 70 ºC.
b) Bajo el grifo.
c) Calentando ligeramente.
d) Cociendo media hora.

42. ¿Qué método de conservación utiliza el vinagre como ingrediente conservador?

a) Adobo.
b) Encurtido.

c) Salazón.
d) Las opciones a) y b) son correctas.

43. ¿Cuál de las siguientes afirmaciones no es correcta?

a) No se deben introducir latas de conserva una vez abiertas en el refrigerador.
b) Los géneros se deben meter en refrigerador en las cajas en que los sirvió el proveedor.
c) No se deben introducir géneros calientes en el refrigerador.
d) Los géneros se deben envolver antes de meter en la nevera.

44. ¿Qué tipo de conserva es el jamón?

a) Es un producto conservado por deshidratación.
b) Es un producto conservado por refrigeración.
c) Es un producto conservado por salazón.
d) No es un producto conservado.

45. ¿En qué consiste la desecación por atomización?

a) El producto líquido se pulveriza sobre unas placas y se somete a corrientes de aire caliente.
b) El producto pasa de sólido a gas directamente sin pasar por la fase líquida.
c) El producto se expone al sol o a corrientes de aire hasta que se seca.
d) Ninguna es correcta.

46. ¿Qué es confitar?

a) Método de conservación de frutas, que consiste en cocerla con azúcar para aumentar su concentración e impedir el crecimiento bacteriano.
b) Cocinar el alimento con su propia grasa o grasa añadida, si es necesario, de manera que quede cubierto completamente para protegerlo de los microorganismos.
c) Someter a los alimentos de origen vegetal a la acción del vinagre, con o sin sal, azúcares u otros condimentos.
d) Ninguna es correcta.

47. ¿Qué efecto tiene el frío sobre los alimentos?

a) Mata a los microorganismos, alargando la vida útil del alimento.
b) Solidifica el agua, impidiendo que esté disponible para los microorganismos.
c) Acidifica el medio, modificando su sabor.
d) Las respuestas a y b son correctas.

48. ¿En qué consiste la liofilización?

a) Eliminación del agua por sublimación.
b) Adición de agua.

c) Pulverización del alimento por fraccionamiento.
d) Ninguna respuesta es correcta.

49. ¿Con qué tipo de alimento se prepara la compota?

a) Con hortalizas.
b) Con carne.
c) Con aceites.
d) Con fruta.

50. ¿Qué son los productos de tercera gama?

a) Productos congelados no cocinados.
b) Productos limpios precocinados y envasados.
c) Productos totalmente preparados, cocinados, envasados al vacío y refrigerados.
d) Alimentos crudos.

51. ¿Qué vehículos se utilizarán para el transporte de leche?

a) Vehículos isotermos de fácil limpieza.
b) Cualquier vehículo si la distancia de desplazamientos es superior a 200 kilómetros.
c) Camiones congeladores.
d) Vehículos similares a los utilizados para el transporte de fruta y verdura.

52. ¿Cómo podrá evitar la desecación de los productos frescos durante su almacenamiento?

a) Bajando la temperatura de almacenamiento.
b) Subiendo la temperatura de almacenamiento.
c) Protegiéndolo con papel de polietileno.
d) Aumentando la humedad de la cámara.

53. ¿En qué fase se multiplican los microorganismos?

a) Fase lago-fase inicial.
b) Fase estacionaria.
c) Fase de crecimiento exponencial.
d) Fase de muerte.

54. ¿Qué condiciones de almacenamiento cumplirán las pilas o lotes de productos?

a) Se colocarán separados del techo.
b) Se colocarán juntos unos con otros.
c) Se colocarán pegados a las paredes laterales.
d) Todas las respuestas son correctas.

55. ¿Qué está prohibido en el almacenamiento de productos alimenticios?

a) Su almacenamiento junto a productos aptos para consumo.
b) Su almacenamiento junto a productos tóxicos.
c) Su correcto etiquetado.
d) Todas las respuestas son ciertas.

56. ¿Cuál es la temperatura de almacenamiento adecuado para cada uno de los alimentos?

a) 3 ºC.
b) 18 ºC.
c) Aquella a la que no sufran alteraciones.
d) Son correctas las respuestas b) y c).

57. ¿Qué características tendrán las máquinas que entran en contacto con los alimentos?

a) Transmitirán al producto propiedades nocivas.
b) Las partes metálicas irán revestidas por capas anticorrosión.
c) Las válvulas serán susceptibles de modificar sustancialmente las características de los alimentos.
d) Todas las respuestas son correctas.

58. ¿Qué son alimentos no perecederos?

a) Los que no se estropean nunca.
b) Los que se almacenan en sacos.
c) Aquellos que con una manipulación correcta no van a sufrir alteraciones.
d) Los deshidratados.

59. ¿En qué consiste la rotación periódica de los alimentos?

a) En poner los últimos productos adquiridos o los de fecha más alejada en lugares menos accesibles.
b) En poner los últimos productos adquiridos o los de fecha más cercana en lugares más accesibles.
c) En cambiar de ubicación los productos.
d) Ninguna respuesta es correcta.

60. ¿Qué objetivo tiene la rotación?

a) Consumir en primer lugar los que lleven menos tiempo almacenados.
b) Consumir en último lugar los que lleven más tiempo almacenados.

c) Asegurar que se consumirán primero los que pueden estropearse antes.
d) Son correctas las respuestas a) y b).

61. ¿Qué tipo de producto es una lata de anchoas?

a) Semiconserva.
b) No perecedero.
c) Conserva.
d) Fresco.

62. ¿Qué diferencia hay entre las conservas y las semiconservas?

a) Las semiconservas necesitan frío y las conservas no.
b) Las conservas necesitan frío y las semiconservas no.
c) Las semiconservas duran más tiempo que las conservas.
d) Son correctas las respuestas a) y c).

63. ¿Qué tipo de producto es la mantequilla?

a) Semiconserva.
b) No perecedero.
c) Conserva.
d) Fresco.

64. ¿Qué alimento de los siguientes tiene menor vida útil?

a) Fresco.
b) Semiperecederos.
c) Semiconserva.
d) Refrigerados.

65. ¿Por qué no se deben meter las cajas de los proveedores en el refrigerador?

a) Porque ocupan mucho espacio.
b) Porque se pueden contaminar.
c) Porque pueden contener microorganismos.
d) Por que habría que comprarlas.

66. ¿A qué temperatura se almacenan los productos cocinados congelados?

a) A 18 ºC.
b) A –18 ºC.
c) A 5 ºC.
d) A 0 ºC.

67. ¿Qué práctica está prohibida en almacén?

a) Emplear productos de limpieza.
b) Barrer en seco.
c) Barrer en húmedo.
d) Todas las respuestas son falsas.

68. ¿Qué se hará con los productos almacenados que tengan muestras de contaminación o deterioro?

a) Se retirarán las partes afectadas antes de su almacenamiento.
b) Se destinarán al consumo humano.
c) Serán retiradas.
d) Todas las respuestas son correctas.

69. ¿Cómo será la humedad de los almacenes de alimentos?

a) Elevada para evitar la desecación.
b) Baja para evitar la proliferación de hongos.
c) Homogénea y constante en todos los almacenes.
d) Depende del tipo de alimento almacenado.

70. ¿Qué es falso sobre las conservas?

a) Son productos enlatados y esterilizados.
b) Es necesario mantenerlos en frío.
c) Se almacena en lugar seco y bien ventilado.
d) Duran mucho tiempo.

71. ¿Qué es lo que no se hará en el almacenamiento de frescos?

a) Dejar los alimentos sobre el suelo.
b) Meter las cajas del proveedor en el refrigerador.
c) Sobrecargar la cámara.
d) Todas las respuestas son ciertas.

72. ¿Qué objetivo tiene establecer un sistema de rotación de la mercancía?

a) Facilitar el acceso a la mercancía más reciente.
b) Evitar que los productos se estropeen por mantenerlos por un tiempo demasiado largo.
c) Proteger los alimentos de la contaminación.
d) Todas las respuestas son correctas.

73. ¿Qué es la rotura de *stock*?

a) El deterioro de la mercancía.
b) La ausencia total de mercancía por agotamiento.
c) La acumulación de determinados artículos.
d) La falta de determinados artículos.

74. ¿En qué consiste el método LIFO?

a) Lo último en entrar es lo primero en salir.
b) Lo primero que sale será la mercancía que más tiempo lleva.
c) Lo primero que sale será lo caducado.
d) Todas son correctas.

75. ¿Cómo se denomina el método en que "lo primero que entra es lo primero que sale"?

a) FIFO.
b) LIFO.
c) FILO.
d) FLIFO.

76. ¿Cómo se determina el índice de rotación?

a) Midiendo la frecuencia de salida de un producto.
b) Contando el número de veces que se renueva un artículo en el almacén.
c) Dividiendo el número de artículos que salen, por el *stock* medio.
d) Todas las respuestas son correctas.

77. ¿Qué es el índice de obsolescencia?

a) La relación entre el número de entradas de un artículo, y la rotación del mismo.
b) Las veces que se renueva un artículo.
c) Un ratio de control en la gestión de almacén.
d) Son correctas las respuestas a) y c).

78. ¿Qué es un albarán?

a) El documento en el que aparece el precio de la mercancía entregada.
b) El documento justificante de la recepción de un producto.
c) Es un documento interno que emite el departamento que solicita determinada mercancía al almacén.
d) El documento que registra las existencias en almacén.

79. El stock de seguridad:

a) Es el que viene determinado por la capacidad de almacenaje.

b) Es el stock previsto para demandas inesperadas o retrasos en las entregas de los proveedores.

c) Indica el punto de consumo de existencias en el que es necesario reponerlas.

d) Todas son correctas.

80. ¿Qué norma de las siguientes regula los alimentos ultracongelados destinados a la alimentación humana?

a) Real Decreto 3484/2000, de 29 de diciembre.

b) Real Decreto 126/2015, de 27 de febrero.

c) Real Decreto 1109/1991, de 12 de julio.

d) Real Decreto 1245/2008, de 18 de julio.

Solución al test n.º 6

1. a) Probablemente sea rechazado antes de su consumo.

2. c) Toxinas.

3. d) Todas son correctas.

4. d) Todas son correctas.

5. b) Intoxicaciones alimentarias.

6. d) Todas las anteriores.

7. c) Triquina, Anisakis y protozoo.

8. c) Leche.

9. b) Las que viven en ausencia de oxígeno.

10. d) Todas las respuestas indican condiciones adecuadas para el desarrollo de la bacteria.

11. c) A 120 ºC durante 20 minutos.

12. a) Yersinia.

13. c) Bacillus.

14. a) Fiebre, dolor de cabeza y pérdida de apetito.

15. a) Una bacteria.

16. b) Hongos.

17. c) Gastroenteritis.

18. a) Enfermedad de las vacas locas.

19. c) Carne.

20. a) Anisomiasis.

21. c) En el agua.

22. a) Metales pesados.

23. a) Una ración individual de como mínimo de 100 g.

24. a) Estableciendo los límites críticos.

25. d) Todas las respuestas son correctas.

26. b) Una enfermedad producida por el acúmulo de plomo consumido.

27. a) Contaminación en origen

28. b) Mercurio.

29. d) Todas las anteriores.

30. b) Tallarines.

31. c) Se trata de mantener el alimento a una temperatura superior a –18 ºC.

32. a) Reducir rápidamente la temperatura de cualquier producto.

33. d) Todas las afirmaciones anteriores son correctas.

34. a) –18 ºC.

35. b) En la acidificación.

36. c) Un método de conservación que utiliza vinagre.

37. c) Sal disuelta en agua.

38. d) Todos los anteriores.

39. d) Las opciones a) y b) son correctas.

40. c) Pasteurización.

41. a) Calentando hasta que el centro alcance los 70 ºC.

42. d) Las opciones a) y b) son correctas.

43. b) Los géneros se deben meter en refrigerador en las cajas en que los sirvió el proveedor.

44. c) Es un producto conservado por salazón.

45. a) El producto líquido se pulveriza sobre unas placas y se somete a corrientes de aire caliente.

46. b) Cocinar el alimento con su propia grasa o grasa añadida, si es necesario, de manera que quede cubierto completamente para protegerlo de los microorganismos.

47. b) Solidifica el agua, impidiendo que esté disponible para los microorganismos.

48. a) Eliminación del agua por sublimación.

49. d) Con fruta.

50. a) Productos congelados no cocinados.

51. a) Vehículos isotermos de fácil limpieza.

52. c) Protegiéndolo con papel de polietileno.

53. c) Fase de crecimiento exponencial.

54. a) Se colocarán separados del techo.

55. b) Su almacenamiento junto a productos tóxicos.

56. c) Aquella a la que no sufran alteraciones.

57. b) Las partes metálicas irán revestidas por capas anticorrosión.

58. c) Aquellos que con una manipulación correcta no van a sufrir alteraciones.

59. a) En poner los últimos productos adquiridos o los de fecha más alejada en lugares menos accesibles.

60. c) Asegurar que se consumirán primero los que pueden estropearse antes.

61. a) Semiconserva.

62. a) Las semiconservas necesitan frio y las conservas no.

63. d) Fresco.

64. a) Fresco.

65. c) Porque pueden contener microorganismos.

66. b) A −18 ºC.

67. b) Barrer en seco.

68. c) Serán retiradas.

69. d) Depende del tipo de alimento almacenado.

70. b) Es necesario mantenerlos en frío.

71. d) Todas las respuestas son ciertas.

72. b) Evitar que los productos se estropeen por mantenerlos por un tiempo demasiado largo.

73. d) La falta de determinados artículos.

74. a) Lo último en entrar es lo primero en salir.

75. a) FIFO.

76. d) Todas las respuestas son correctas.

77. d) Son correctas las respuestas a) y c).

78. b) El documento justificante de la recepción de un producto.

79. b) Es el *stock* previsto para demandas inesperadas o retrasos en las entregas de los proveedores.

80. c) Real Decreto 1109/1991, de 12 de julio.

TEST N.º 7

Higiene de los locales y útiles de trabajo. Hábitos higiénicos del manipulador. Higiene personal. Seguridad alimentaria: Análisis de peligros y puntos críticos de control (APPCC).Importancia de la limpieza y desinfección, cómo realizarla para que sea más eficaz

1. Todo manipulador de alimentos debe respetar las siguientes normas de higiene:

a) Lavado de manos con agua caliente y jabón.
b) Fumar, toser o estornudar sobre el alimento.
c) Usar mascarilla exclusivamente para la manipulación de productos que se consumirán en crudo.
d) Todas son correctas.

2. ¿Qué hará el manipulador de alimentos si está afectado por un proceso diarreico?

a) No presentarse a trabajar.
b) No realizará ningún tipo de trabajo de manipulación, independientemente de la gravedad de la infección.
c) Informará con la finalidad de que se valore la necesidad de someterse a examen médico, y, en caso necesario, su exclusión temporal de la manipulación de productos alimenticios.
d) Continuará con su tarea normal, ya que no influye en su trabajo.

3. ¿Quién impartirá la formación a los manipuladores de alimentos?

a) La propia empresa o una entidad autorizada por la autoridad sanitaria competente.
b) La propia empresa siempre.
c) La autoridad competente.
d) Una empresa auditora.

4. Garantizarán que los manipuladores de alimentos dispongan de una formación adecuada en higiene de los alimentos de acuerdo con su actividad laboral:

a) Las empresas del sector alimentario.
b) La Comunidad Autónoma respectiva.

c) La autoridad sanitaria competente.
d) Las opciones a) y b) son correctas.

5. Las personas que, por su actividad laboral, tienen contacto directo con los alimentos durante su preparación, fabricación, transformación, elaboración, envasado, almacenamiento, transporte, distribución, venta, suministro y servicio, son llamadas:

a) Manipuladores alimentarios.
b) Manipuladores de alimentos.
c) Manejadores de alimentos.
d) Manejadores alimentarios.

6. Señala cuál de las siguientes actividades puede realizar el manipulador de alimentos durante el ejercicio de la actividad:

a) Fumar.
b) Masticar chicle.
c) Comer en el puesto de trabajo.
d) Ninguna de las opciones anteriores es correcta.

7. ¿Cuál es la definición correcta de Higiene Alimentaria, según la Organización Mundial de la Salud?

a) El conjunto de medidas necesarias para asegurar la salubridad de un producto.
b) El conjunto de medidas necesarias para asegurar la inocuidad de un producto.
c) El conjunto de medidas necesarias para asegurar el buen estado de los productos.
d) El conjunto de medidas necesarias para asegurar la salubridad, inocuidad y buen estado de los productos destinados a la alimentación, en todas las etapas de su preparación.

8. ¿En qué etapa del proceso hay riesgo de contaminación del alimento?

a) En la cocción.
b) En el envasado.
c) En la preparación en crudo.
d) En todas las etapas.

9. ¿Qué se entiende por productos primarios?

a) Los productos de producción primaria, incluidos los de la tierra, ganadería, caza y pesca.
b) Los productos de producción agrícola exclusivamente.
c) Todos los productos de elaboración básica.
d) Los productos precocinados.

10. Para garantizar la protección de los productos primarios contra focos de contaminación, ¿qué medida/s higiénica/s tendrá en cuenta la empresa alimentaria?

a) Mantendrán limpias las instalaciones, equipos, contenedores y vehículos.

b) Evitarán la contaminación por plagas u otros animales, residuos y sustancias peligrosas.

c) Vigilarán el buen estado de salud de los manipuladores, y se asegurarán de que reciben la formación necesaria sobre riesgos sanitarios.

d) Todas las respuestas son correctas.

11. ¿Qué requisitos exige el Reglamento 852/2004 del Parlamento Europeo, para los locales destinados a los productos alimenticios?

a) Habrá ventilación artificial para evitar tener que hacer control de temperatura.

b) Se evitarán las corrientes de aire desde zonas contaminadas a zonas limpias.

c) Dispondrán siempre de buena iluminación natural.

d) Todas las respuestas son correctas.

12. ¿Qué características tendrán las superficies donde se manipulen alimentos?

a) Serán de materiales porosos con fácil absorción.

b) Las superficies serán rugosas para evitar el deslizamiento de los materiales durante la manipulación.

c) Serán de materiales lisos, lavables, resistentes a la corrosión y no tóxicos.

d) No hay requisitos sobre las características de los materiales que entren en contacto con los alimentos, tan solo se deberán mantener limpios.

13. Los contenedores utilizados para transporte de productos alimenticios, ¿podrán transportar algo que no sean productos alimenticios?

a) No, nunca.

b) Sí, siempre que exista una separación efectiva de los productos para evitar contaminación.

c) Sí. No tienen por qué ser exclusivos para productos alimenticios.

d) Cada producto debe ir obligatoriamente en un contenedor, aunque podrá ser transportado en el mismo vehículo.

14. El Reglamento 852/2004 establece las disposiciones aplicables a los productos alimenticios. Indique cuál de las siguientes es falsa:

a) Las materias primas e ingredientes se almacenarán en condiciones adecuadas, que permitan evitar su deterioro y protegerlos de la contaminación.

b) Las materias primas o productos no deberán conservarse a temperaturas que puedan dar lugar a riesgos para la salud.

c) Cuando un operador de empresa alimentaria prevea razonablemente que una materia prima pueda estar contaminada, la someterá a cocción prolongada para eliminar los microorganismos.

d) La descongelación se hará de modo que se reduzca al mínimo el riesgo de multiplicación de microorganismos patógenos o la formación de toxinas.

15. ¿Qué objetivos tiene la formación de los manipuladores de alimentos?

a) Actualizar los cambios normativos y tecnológicos.
b) Mejorar los hábitos de los manipuladores y promover las prácticas correctas.
c) Responder a las exigencias de la normativa vigente.
d) Todas las respuestas son correctas.

16. ¿Qué dice el Reglamento 852/2004 sobre los contenedores de desperdicios de productos alimenticios?

a) Estarán provistos de cierre y se mantendrán limpios.
b) Tendrán una capacidad de 10 metros cúbicos.
c) Serán de color negro.
d) Todas las respuestas son correctas.

17. ¿Qué afirmación es correcta sobre los envases de productos alimenticios?

a) Serán siempre no reutilizables.
b) Serán reutilizables y de material permeable.
c) Se almacenarán de manera que se garantice su integridad.
d) Todas las respuestas son correctas.

18. Según las Reglas de Oro para la preparación de alimentos sanos propuestas por la OMS:

a) No se recomienda el consumo de alimentos que son sometidos a tratamientos antes de su comercialización para que resulten más seguros desde el punto de vista sanitario.
b) Es conveniente mantener los alimentos tras la cocción entre los 20 ºC y los 40 ºC.
c) Se debe evitar el contacto entre los alimentos crudos y los cocinados.
d) El agua utilizada para beber debe ser potable y apta para el consumo humano, pero no necesariamente la que se emplea para la preparación de alimentos.

19. ¿En qué principios se basa el sistema de Análisis de Peligros y Puntos de Control Crítico (APPCC)?

a) Análisis y localización de los riesgos.
b) Determinación de los puntos críticos.
c) Definición, aplicación y verificación de procedimientos eficaces de control y seguimiento.
d) Todas las opciones son correctas.

20. En las instalaciones donde se manipulan alimentos, está:

a) Prohibido fumar, comer, mascar chicle, escupir o cualquier cosa no higiénica que pueda contaminar los alimentos.
b) Prohibido fumar, pero sí se puede comer.
c) No se puede mascar chicles, pero se puede comer.
d) Está prohibido mascar chicle, pero se puede fumar.

21. El sistema de APPCC tiene como objetivo:

a) Establecer un plan de emergencia para el caso de incendio.
b) Identificar, valorar y controlar los peligros sanitarios e higiénicos asociados al conjunto y a cada una de las fases de la cadena alimentaria.
c) Analizar las pautas de comportamiento de los trabajadores.
d) Ninguna de las anteriores respuestas es la correcta.

22. El sistema de APPCC está basado en:

a) Dos principios.
b) Tres principios.
c) Seis principios.
d) Siete principios.

23. La verificación del sistema de APPCC debe realizarse:

a) Periódicamente, con el fin de asegurar que los puntos de control crítico están bajo control.
b) Cuando existan dudas de la seguridad del producto.
c) Cuando se hagan modificaciones en el Plan APPCC.
d) Todas las respuestas son correctas.

24. Es, entre otras, función del coordinador del equipo de implantación del sistema de APPCC:

a) La organización de las reuniones.
b) La elaboración de menús.
c) El registro de las decisiones del equipo.
d) Las opciones a) y c) son correctas.

25. Entre los PGH mínimos que deben estar implantados en un Servicio de alimentación, se encuentran:

a) Plan de limpieza y desinfección.
b) Plan de eliminación de residuos y aguas residuales.

c) Plan de control de proveedores.
d) Todas las respuestas previas son correctas.

26. ¿Qué orden es correcto en el proceso de lavado?

a) Prelavado, limpieza y desinfección, enjuague final.
b) Limpieza, desinfección, prelavado, enjuague final.
c) Enjuague inicial, limpieza y desinfección, lavado final.
d) Pueden ser correctas las respuestas a) y c).

27. ¿Cuál de los siguientes componentes no forma parte de un detergente?

a) Tensioactivos.
b) Coadyuvantes.
c) Pavimentadores.
d) Aditivos.

28. ¿Qué es la lejía?

a) Un desinfectante, derivado del cloro.
b) Un aldehído.
c) Un esterilizante.
d) Un antiséptico.

29. ¿Qué función tienen los auxiliares de presentación en los detergentes?

a) Disminuir la tensión superficial del agua.
b) Aumentar la alcalinidad.
c) Aportar perfume y suavidad.
d) Determinar el aspecto del producto acabado.

30. ¿Qué propiedades debe tener un detergente?

a) Poder humectante.
b) Poder dispersante.
c) Poder de suspensión.
d) Todas.

31. ¿Qué combinación no es posible en la composición de un detergente?

a) Tensioactivos aniónicos con tensioactivos no iónicos.
b) Tensioactivos catiónicos con tensioactivos anfotéricos.
c) Tensioactivos no iónicos con coadyuvantes.
d) Tensioactivos aniónicos con tensioactivos catiónicos.

32. ¿En qué fase del proceso de limpieza se aplica detergente disuelto en agua, y se deja actuar durante un tiempo, para que se desprenda la capa de suciedad?

a) Lavado.
b) Prelavado.
c) Enjuague.
d) Desinfección.

33. ¿De qué factores depende la frecuencia en la limpieza?

a) Frecuencia de uso.
b) Estado previo de la limpieza.
c) Tipo de alimentos que se manipulen.
d) Todas las respuestas son correctas.

34. ¿Cómo influye el uso de productos eficaces en la limpieza?

a) Aumentando la acción mecánica.
b) Mejorando la acción química.
c) Aumentando el tiempo.
d) Disminuyendo la temperatura.

35. ¿Cuál de estos tensioactivos no tiene carga es solución acuosa?

a) Aniónicos.
b) Catiónicos.
c) No iónicos.
d) Las respuestas a) y b) son correctas.

36. ¿Qué características tiene la lejía como desinfectante?

a) Es corrosiva para algunos metales.
b) Es inestable.
c) Puede liberar gases asfixiantes en contacto con algunos productos.
d) Todas las respuestas son correctas.

37. ¿Qué significan las indicaciones de peligro (H) en la etiqueta de un producto de limpieza?

a) Recomendaciones de uso.
b) Riesgos de seguridad.
c) Consejos específicos.
d) Composición.

38. ¿Cómo se denominan sustancias y preparados que en contacto con tejidos vivos pueden ejercer acción destructora de los mismos?

a) Irritantes.
b) Nocivos.
c) Corrosivos.
d) Inflamables.

39. ¿Qué precauciones debe tomar con los envases de productos de limpieza?

a) Verificar el buen estado de recipientes y envases para evitar fugas.
b) Se mantendrán cerrados mientras no se usen.
c) Elegir recipientes adecuados para utilizar pequeñas cantidades de producto.
d) Las respuestas a) y b) son correctas.

40. Según el reglamento CLP, ¿qué indicaciones llevará la etiqueta?

a) Frases R y S.
b) Consejos de prudencia e indicaciones de peligro.
c) Pictogramas que sustituyen a las antiguas frases R.
d) Todas las respuestas son correctas.

41. ¿Qué tipos de peligro establece el Reglamento CLP?

a) Físicos, para la salud y para el medio ambiente.
b) Físicos, químicos y biológicos.
c) Agudos y crónicos.
d) Leves, graves y muy graves.

42. ¿Qué son sustancias pirofóricas?

a) Sustancias o mezclas que, por medio de una acción química, pueden dañar gravemente, o incluso destruir, los metales.
b) Sustancias o mezclas sólidas o líquidas, que pueden calentarse espontáneamente en contacto con el aire sin aporte de energía.
c) Sustancias o mezclas sólidas o líquidas que, por interacción con el agua, tienden a volverse espontáneamente inflamables o a desprender gases inflamables en cantidades peligrosas.
d) Sustancias o mezclas líquidas o sólidas que, aun en pequeñas cantidades, pueden inflamarse al cabo de 5 minutos de entrar en contacto con el aire.

43. ¿Cuál de los siguientes son peligros para la salud?

a) Sensibilización respiratoria.
b) Carcinogenicida.
c) Peligro por aspiración.
d) Todas las respuestas son correctas.

44. ¿Qué tipo de indicación es: H360F: Puede perjudicar a la fertilidad?

a) Consejo de prudencia.
b) Indicación de peligro.
c) Consejo de seguridad.
d) Indicación de protección.

45. ¿Cuál de los siguientes peligros no se contemplan en el Reglamento (CE) n.º 1272/2008, también denominado Reglamento CLP?

a) Peligro para el medio ambiente.
b) Peligro para la salud.
c) Peligro indeterminado.
d) Peligro físico.

46. La lejía es un desinfectante que tiene como componente activo:

a) Alcohol etílico.
b) Agua.
c) Hipoclorito sódico.
d) Ácido peracético.

47. En el almacén de limpieza, el Ayudante de cocina se ha encontrado una botella transparente llena de lo que parece un desengrasante que no tiene ninguna etiqueta ni identificación, ¿qué debe hacer?

a) Utilizarla para limpiar y gastarla lo antes posible.
b) La olerá y le pondrá con rotulador el producto que cree que es.
c) Probará con poca cantidad para limpiar y ver si es el producto que necesita.
d) Lo comunicará al encargado de la cocina para su retirada.

48. ¿Cuál de estas sustancias es un detergente?

a) Jabón de vajilla.
b) Alcohol 70.
c) Lejía.
d) Complejos trialdehídicos.

49. ¿Qué propiedad del detergente se da cuando se rompe la suciedad compacta, dispersando las partículas finas que componían esa mancha?

a) Poder humectante.
b) Dispersión.
c) Emulsión.
d) Brillo.

50. ¿Cuál es la es la principal vía de entrada de sustancias tóxicas en el organismo?

a) Vía respiratoria.
b) Vía dérmica.
c) Vía digestiva
d) Vía parenteral.

51. ¿Qué indica este pictograma de peligro según reglamento CLP?

a) Gas baja presión (GZ).
b) Sustancias comburentes (CB).
c) Sustancias inflamables (IN).
d) Cancerígeno, mutágeno.

52. ¿En qué tipo de intoxicación hay que lavar abundantemente?

a) Si esta es aguda.
b) Si esta es crónica.
c) Si se produce por ingestión.
d) Sin contacta con piel u/y ojos.

53. ¿Qué frase de éstas indica "mortal en caso de ingestión"?

a) H310.
b) H330.
c) H300.
d) H200.

54. ¿Qué frase de éstas indica "puede perjudicar a la fertilidad"?

a) H360F.
b) FE330.
c) EUH014.
d) EUH059.

55. La frase "lavar con agua y jabón abundante" es un consejo de prudencia:

a) General.
b) De prevención.
c) De respuesta.
d) De almacenamiento y eliminación.

56. ¿Cuál es la principal vía de absorción de sustancias tóxicas en el organismo?

a) Vía dérmica.
b) Vía digestiva.

c) Vía respiratoria.
d) Vía parenteral.

57. Según el Reglamento CLP, ¿cuáles son los tipos de peligros que pueden representar las sustancias o mezclas químicas?

a) Peligros físicos, peligros biológicos, peligros químicos y peligros mecánicos.
b) Peligros físicos, peligros para la salud, peligros para el medio ambiente y peligros para la capa de ozono.
c) Peligros químicos, peligros radioactivos, peligros eléctricos y peligros térmicos.
d) Peligros tóxicos, peligros corrosivos, peligros inflamables y peligros biológicos.

58. ¿Cuál de las siguientes medidas de seguridad es obligatoria durante la limpieza de suelos en cocinas de colectividades?

a) Usar únicamente agua caliente sin productos químicos para evitar residuos.
b) Aplicar la solución de limpieza sin necesidad de equipo de protección.
c) Utilizar guantes impermeables, calzado antideslizante y señalización de suelo mojado.
d) Secar el suelo únicamente al aire sin permitir la entrada de personal hasta que esté completamente seco.

59. ¿Cuál de los siguientes factores influye en la eficacia de la desinfección en cocinas profesionales?

a) La temperatura del agua, la concentración del desinfectante y el tiempo de actuación.
b) Solo la cantidad de producto desinfectante aplicado.
c) El tipo de detergente utilizado en la limpieza previa.
d) La ventilación del área donde se realiza la desinfección.

60. ¿Por qué es importante evitar la acumulación de residuos en equipos y utensilios de cocina?

a) Para mejorar la apariencia del establecimiento y cumplir con los estándares de calidad.
b) Para prolongar la vida útil del equipo, evitar la corrosión y reducir la proliferación de microorganismos.
c) Para facilitar el trabajo del personal de limpieza y optimizar el tiempo de desinfección.
d) Para evitar malos olores, aunque no afecta directamente la seguridad alimentaria.

61. ¿Cuál de las siguientes prácticas es fundamental para la correcta organización del almacén de productos secos en cocinas de colectividades?

a) Almacenar los productos directamente en el suelo para ahorrar espacio.
b) Mantener los productos a granel en envases abiertos para facilitar el acceso.

c) Aplicar el principio PEPS (Primero en Entrar, Primero en Salir) para evitar la caducidad de los alimentos.

d) Colocar los productos químicos y los alimentos en la misma área para optimizar el almacenamiento.

62. ¿Cuál de las siguientes medidas contribuye a evitar la proliferación de plagas en un almacén de productos secos?

a) Mantener las puertas y ventanas abiertas para mejorar la ventilación.
b) Eliminar cartones y cajas vacías que puedan servir como refugio para plagas.
c) Acumular productos en un solo espacio sin separación para facilitar su control.
d) Aplicar productos de desinfección sin inspeccionar signos de infestación.

63. ¿Por qué es necesario almacenar los alimentos secos separados del suelo y las paredes en un almacén de colectividades?

a) Para evitar el contacto con la humedad y facilitar la limpieza y ventilación.
b) Para que los productos sean más accesibles al personal de cocina.
c) Para reducir el espacio ocupado en el almacén y almacenar más productos.
d) Para prevenir la contaminación con residuos de productos químicos.

64. Según los requisitos comunes para cocinas en establecimientos de comidas, ¿cómo debe ser el área destinada al envasado de alimentos?

a) Puede compartirse con otras áreas de manipulación si se mantiene limpia.
b) Debe ser una superficie exclusiva, de tamaño suficiente y de material de fácil limpieza y desinfección.
c) Solo es obligatoria en cocinas centrales con gran volumen de producción.
d) Puede estar ubicada en cualquier parte de la cocina sin requisitos específicos.

65. ¿Cuál de los siguientes requisitos es obligatorio en los establecimientos que atienden a colectivos de riesgo?

a) Disponer de pilas lavamanos exclusivas para manipuladores en número suficiente.
b) Tener un solo espacio para la limpieza de vajillas y manipulación de alimentos.
c) Permitir el uso compartido de vestuarios con el área de almacenamiento de alimentos.
d) No es necesario contar con vestuarios si el personal usa uniforme desechable.

66. En las cocinas centrales, ¿qué característica deben cumplir las cámaras de congelación?

a) Mantener una temperatura constante de -5 ºC.
b) Garantizar un rango de temperatura de 0 ºC a -25 ºC y contar con termómetros de lectura exterior.

c) Compartir el mismo espacio de almacenamiento con productos no refrigerados.
d) Disponer de sistemas de refrigeración sin necesidad de control de temperatura.

67. Según el Real Decreto 1021/2022, ¿qué se entiende por colectividad en el ámbito de la comercialización de productos alimenticios?

a) Un conjunto de establecimientos de venta de productos alimenticios al por menor.
b) Un grupo de personas consumidoras con características similares que demandan un servicio de comidas preparadas, como escuelas, hospitales o empresas.
c) Un conjunto de establecimientos de hostelería que ofrecen comida para llevar.
d) Un tipo de obrador especializado en la producción masiva de alimentos para el comercio al por menor.

68. ¿Cuál es la función principal de un obrador en un establecimiento de comercio al por menor?

a) Vender productos alimenticios directamente al público.
b) Gestionar la distribución de productos alimenticios a diferentes municipios.
c) Manipular, preparar, elaborar, envasar y almacenar productos alimenticios en un área inaccesible al público.
d) Realizar auditorías sanitarias en establecimientos de comercio al por menor.

69. Según el Real Decreto 1086/2020, ¿cuál es la temperatura mínima a la que deben mantenerse las comidas preparadas congeladas?

a) 0 °C.
b) -12 °C.
c) -18 °C.
d) 8 °C.

70. ¿Qué condición debe cumplirse para conservar comidas preparadas refrigeradas a 8 °C?

a) Que su vida útil sea inferior a veinticuatro horas.
b) Que se sirvan en el mismo día de su preparación.
c) Que hayan sido sometidas previamente a congelación.
d) Que contengan ingredientes frescos sin procesar.

71. Según el Real Decreto 1086/2020, ¿en qué condiciones un pequeño matadero puede prescindir de establos o corrales de espera?

a) Si el traslado de los animales se realiza de forma directa desde la explotación de origen y el sacrificio es inmediato tras su llegada.
b) Si los animales permanecen en el matadero un máximo de 24 horas antes del sacrificio.

c) Si el matadero tiene capacidad para almacenar a los animales en un área separada.

d) Si el establecimiento cuenta con medidas alternativas de higiene para garantizar la seguridad alimentaria.

72. ¿Cuál es el principal objetivo del Reglamento (CE) Nº 178/2002 del Parlamento Europeo y del Consejo?

a) Regular exclusivamente la producción de alimentos tradicionales dentro de la Unión Europea.

b) Establecer los principios generales de la legislación alimentaria y garantizar un alto nivel de seguridad en los alimentos y piensos.

c) Fomentar la competencia entre los Estados miembros en la producción y comercialización de alimentos.

d) Crear normas específicas para la distribución de alimentos dentro del mercado nacional de cada país.

73. Según el artículo 14 del Reglamento (CE) Nº 178/2002, ¿cuándo se considera que un alimento no es seguro?

a) Cuando ha pasado su fecha de caducidad, sin necesidad de evaluar su estado.

b) Cuando no cumple con el etiquetado obligatorio, aunque sea apto para el consumo.

c) Cuando es nocivo para la salud o no es apto para el consumo humano.

d) Cuando proviene de un país fuera de la Unión Europea, sin importar su calidad.

74. Según el Reglamento (CE) Nº 852/2004, ¿quién es el principal responsable de la seguridad alimentaria?

a) Las autoridades sanitarias de cada país.

b) Los consumidores finales, que deben garantizar la correcta manipulación de los alimentos.

c) El operador de empresa alimentaria, que debe garantizar la seguridad en todas las etapas de la producción, transformación y comercialización de alimentos.

d) Los distribuidores y minoristas, que se encargan de la venta de los productos alimenticios.

75. ¿Por qué es fundamental mantener la cadena de frío en los alimentos congelados según el Reglamento (CE) Nº 852/2004?

a) Porque la congelación elimina completamente los microorganismos presentes en los alimentos.

b) Para evitar la proliferación de microorganismos y garantizar la seguridad alimentaria.

c) Porque así los productos mantienen su sabor y textura original sin importar el tiempo de almacenamiento.

d) Para reducir el peso de los alimentos congelados y facilitar su transporte.

Solución al test n.º 7

1. a) Lavado de manos con agua caliente y jabón.

2. c) Informará con la finalidad de que se valore la necesidad de someterse a examen médico, y, en caso necesario, su exclusión temporal de la manipulación de productos alimenticios.

3. a) La propia empresa o una entidad autorizada por la autoridad sanitaria competente.

4. a) Las empresas del sector alimentario.

5. b) Manipuladores de alimentos.

6. d) Ninguna de las opciones anteriores es correcta.

7. d) El conjunto de medidas necesarias para asegurar la salubridad, inocuidad y buen estado de los productos destinados a la alimentación, en todas las etapas de su preparación.

8. d) En todas las etapas.

9. a) Los productos de producción primaria, incluidos los de la tierra, ganadería, caza y pesca.

10. d) Todas las respuestas son correctas.

11. b) Se evitarán las corrientes de aire desde zonas contaminadas a zonas limpias.

12. c) Serán de materiales lisos, lavables, resistentes a la corrosión y no tóxicos.

13. b) Si, siempre que exista una separación efectiva de los productos para evitar contaminación.

14. c) Cuando un operador de empresa alimentaria prevea razonablemente que una materia prima pueda estar contaminada, la someterá a cocción prolongada para eliminar los microorganismos.

15. d) Todas las respuestas son correctas.

16. a) Estarán provistos de cierre y se mantendrán limpios.

17. c) Se almacenarán de manera que se garantice su integridad.

18. c) Se debe evitar el contacto entre los alimentos crudos y los cocinados.

19. d) Todas las opciones son correctas.

20. a) Prohibido fumar, comer, mascar chicle, escupir o cualquier cosa no higiénica que pueda contaminar los alimentos.

21. b) Identificar, valorar y controlar los peligros sanitarios e higiénicos asociados al conjunto y a cada una de las fases de la cadena alimentaria.

22. d) Siete principios.

23. d) Todas las respuestas son correctas.

24. d) Las opciones a) y c) son correctas.

25. d) Todas las respuestas previas son correctas.

26. a) Prelavado, limpieza y desinfección, enjuague final.

27. c) Pavimentadores.

28. a) Un desinfectante, derivado del cloro.

29. d) Determinar el aspecto del producto acabado.

30. d) Todas.

31. d) Tensioactivos aniónicos con tensioactivos catiónicos.

32. a) Lavado.

33. d) Todas las respuestas son correctas.

34. b) Mejorando la acción química.

35. c) No iónicos.

36. d) Todas las respuestas son correctas.

37. b) Riesgos de seguridad.

38. c) Corrosivos.

39. d) Las respuestas a) y b) son correctas.

40. b) Consejos de prudencia e indicaciones de peligro.

41. a) Físicos, para la salud y para el medio ambiente.

42. d) Sustancias o mezclas líquidas o sólidas que, aun en pequeñas cantidades, pueden inflamarse al cabo de 5 minutos de entrar en contacto con el aire.

43. d) Todas las respuestas son correctas.

44. b) Indicación de peligro.

45. c) Peligro indeterminado.

46. c) Hipoclorito sódico.

47. d) Lo comunicará al encargado de la cocina para su retirada.

48. a) Jabón de vajilla.

49. b) Dispersión.

50. a) Vía respiratoria.

51. c) Sustancias inflamables.

52. d) Sin contacta con piel u/y ojos.

53. c) H300.

54. a) H360F.

55. c) De respuesta.

56. c) Vía respiratoria.

57. b) Peligros físicos, peligros para la salud, peligros para el medio ambiente y peligros para la capa de ozono.

58. c) Utilizar guantes impermeables, calzado antideslizante y señalización de suelo mojado.

59. a) La temperatura del agua, la concentración del desinfectante y el tiempo de actuación.

60. b) Para prolongar la vida útil del equipo, evitar la corrosión y reducir la proliferación de microorganismos.

61. c) Aplicar el principio PEPS (Primero en Entrar, Primero en Salir) para evitar la caducidad de los alimentos.

62. b) Eliminar cartones y cajas vacías que puedan servir como refugio para plagas.

63. a) Para evitar el contacto con la humedad y facilitar la limpieza y ventilación.

64. b) Debe ser una superficie exclusiva, de tamaño suficiente y de material de fácil limpieza y desinfección.

65. a) Disponer de pilas lavamanos exclusivas para manipuladores en número suficiente.

66. b) Garantizar un rango de temperatura de 0 ºC a -25 ºC y contar con termómetros de lectura exterior.

67. b) Un grupo de personas consumidoras con características similares que demandan un servicio de comidas preparadas, como escuelas, hospitales o empresas.

68. c) Manipular, preparar, elaborar, envasar y almacenar productos alimenticios en un área inaccesible al público.

69. c) -18 °C.

70. a) Que su vida útil sea inferior a veinticuatro horas.

71. a) Si el traslado de los animales se realiza de forma directa desde la explotación de origen y el sacrificio es inmediato tras su llegada.

72. b) Establecer los principios generales de la legislación alimentaria y garantizar un alto nivel de seguridad en los alimentos y piensos.

73. c) Cuando es nocivo para la salud o no es apto para el consumo humano.

74. c) El operador de empresa alimentaria, que debe garantizar la seguridad en todas las etapas de la producción, transformación y comercialización de alimentos.

75. b) Para evitar la proliferación de microorganismos y garantizar la seguridad alimentaria.

Concepto y diferencias de alimentación y nutrición. Clases de alimentos y nutrientes. Tipos de dietas

1. ¿Cuál es la diferencia principal entre alimentación y nutrición?

a) La alimentación es un proceso involuntario, mientras que la nutrición es voluntaria.
b) La alimentación consiste en la obtención de alimentos, mientras que la nutrición es el proceso de transformación y utilización de los nutrientes en el organismo.
c) La nutrición depende únicamente de factores psicológicos y sociales.
d) La alimentación solo influye en la salud si se realiza de manera equilibrada.

2. ¿Cuál de los siguientes es un nutriente energético?

a) Vitaminas.
b) Minerales.
c) Carbohidratos.
d) Polifenoles.

3. ¿Qué disciplina estudia los regímenes alimenticios en estados de salud y enfermedad?

a) Nutrición.
b) Dietética.
c) Dietoterapia.
d) Metabolismo.

4. ¿Qué son los alimentos de primera gama?

a) Alimentos crudos.
b) Alimentos conservados.
c) Productos congelados no cocinados.
d) Productos limpios precocinados y envasados.

5. ¿Qué son los alimentos se cuarta gama?

a) Alimentos conservados.
b) Productos congelados no cocinados.
c) Productos limpios y envasados.
d) Productos crudos.

6. ¿A qué gama pertenecen los alimentos totalmente preparados, cocinados, envasados al vacío y refrigerados?

a) Segunda.
b) Tercera.
c) Cuarta.
d) Quinta.

7. ¿Cuál de las siguientes vitaminas es hidrosoluble y debe consumirse diariamente porque no se almacena en el organismo?

a) Vitamina A.
b) Vitamina B12.
c) Vitamina D.
d) Vitamina E.

8. ¿Cómo se clasifican las vitaminas según su solubilidad?

a) En vitaminas esenciales y no esenciales.
b) En vitaminas de origen animal y vegetal.
c) En vitaminas hidrosolubles y liposolubles.
d) En vitaminas energéticas y reguladoras.

9. Son ricos en hidratos de carbono:

a) Marisco.
b) Patatas.
c) Carnes.
d) Pescado.

10. Pertenece al grupo de los alimentos energéticos:

a) Carne.
b) Yogur.
c) Verduras.
d) Ninguno de los anteriores.

11. Los alimentos incluidos en el grupo de las frutas, verduras y hortalizas aportan al organismo humano, como nutrientes más significativos:

a) Vitaminas y sales minerales.
b) Lípidos.
c) Hidratos de carbono.
d) Proteínas.

12. Las carnes, pescados y huevos aportan al organismo, de manera principal:

a) Vitaminas.
b) Oligoelementos.
c) Proteínas.
d) Grasas.

13. Está en el grupo de los alimentos plásticos:

a) La leche y sus derivados.
b) Huevos.
c) Carne y pescado.
d) Todos.

14. Pertenecen al grupo de los alimentos energéticos:

a) Aceites.
b) Azúcares.
c) Cereales y legumbres.
d) Todos.

15. ¿Cuál es la principal función de las grasas en el organismo?

a) Reserva energética.
b) Aceleran la velocidad de las reacciones metabólicas.
c) Forman todos los tejidos del cuerpo.
d) Todas son correctas.

16. ¿Qué vitamina es fundamental para la visión?

a) A.
b) B.
c) C.
d) D.

17. ¿Qué enfermedad puede ser causada por insuficiencia de vitamina D?

a) Caries.
b) Enfermedades cardiovasculares.

c) Raquitismo.
d) Escorbuto.

18. ¿Qué es la riboflavina?

a) Una proteína.
b) Vitamina B2.
c) Vitamina E.
d) Una parte de las grasas.

19. ¿Por qué se produce el escorbuto?

a) Por exceso de vitamina C en la dieta.
b) Por una dieta deficitaria en vitamina C.
c) Por exceso de vitamina D en la dieta.
d) Por falta de vitamina D.

20. ¿Qué propiedades tiene la vitamina E?

a) Antioxidante.
b) Antirraquítica.
c) Coagulante.
d) Todas son correctas.

21. Indica la respuesta correcta:

a) Los minerales proporcionan energía.
b) Los minerales forman parte de los huesos y dientes.
c) El magnesio es un mineral.
d) Las opciones b) y c) son correctas.

22. ¿Cuál de las siguientes afirmaciones no es correcta?

a) En una dieta hipocalórica se ingieren menos calorías.
b) En una dieta hipocalórica no se reduce el aporte de vitaminas.
c) En una dieta hipocalórica se reduce el aporte de minerales.
d) La dieta hipocalórica es recomendada contra la obesidad.

23. ¿Cuándo se puede hablar de déficit nutricional?

a) Cuando la cantidad de nutrientes y proporción de los mismos es equilibrada.
b) Cuando el aporte energético diario responde a los requerimientos de cada individuo.
c) Cuando el aporte de algún nutriente no es suficiente.
d) Todas las respuestas son correctas.

24. Si con la dieta se obtiene diariamente menos energía de la que se necesita, ¿qué ocurre?

a) El organismo obtiene más energía de las reservas almacenadas en forma de proteínas.
b) El organismo obtiene más energía de las reservas almacenadas en forma de grasas.
c) El organismo funciona con menos energía.
d) La dieta siempre aporta energía suficiente.

25. ¿Cuál de los siguientes productos contienen azúcares de absorción rápida?

a) Cereales.
b) Patatas.
c) Naranja.
d) Pasteles.

26. ¿Qué grasas son menos recomendables en la dieta?

a) Saturadas.
b) Insaturadas.
c) Sólidas.
d) Todas las grasas son del mismo tipo.

27. ¿Qué es el ácido fólico?

a) Vitamina B6.
b) Vitamina C.
c) Vitamina B9.
d) Un mineral.

28. ¿Qué representa la pirámide de los alimentos en su base?

a) Alimentos de consumo frecuente.
b) Alimentos y bebidas para los que se recomienda un consumo opcional, más ocasional y moderado.
c) Actividad física y equilibrio emocional entre otros.
d) Todas las respuestas son correctas.

29. ¿Qué es la alimentación?

a) Un acto o un conjunto de actos voluntarios, que implican la elección de alimentos y la voluntad de prepararlos e ingerirlos.
b) La ingesta de los alimentos.
c) El proceso involuntario que sucede tras la ingesta de los alimentos.
d) Todas las respuestas definen este concepto.

30. ¿Cómo se denominan las reacciones que degradan los nutrientes para obtener otras moléculas?

a) Anabolismo.
b) Catabolismo.
c) Metabolismo.
d) Todas las respuestas son correctas.

31. Según el Código Alimentario Español (CAE), ¿cuál de las siguientes definiciones describe un alimento adulterado?

a) Un alimento cuya composición real no coincide con la declarada en su etiquetado.
b) Un alimento que ha sido preparado o rotulado para simular otro conocido.
c) Un alimento al que se le ha añadido o sustraído una sustancia para alterar su composición con fines fraudulentos.
d) Un alimento que ha sufrido cambios en sus características, pero sigue siendo seguro para el consumo.

32. ¿Cuál de las siguientes opciones describe correctamente la leche esterilizada?

a) Leche a la que se le ha añadido azúcar para mejorar su conservación.
b) Leche sometida a un proceso tecnológico que destruye los gérmenes y sus formas de resistencia.
c) Leche modificada por la acción de fermentos lácticos específicos.
d) Leche concentrada hasta reducir su volumen a un cuarto o un quinto del original.

33. Según su clasificación general, ¿qué característica indica que un huevo es averiado y no apto para el consumo humano?

a) Tiene una cámara de aire pequeña y la yema está centrada.
b) Presenta una clara firme y transparente.
c) La clara es de color verdoso o tiene mal olor y sabor.
d) Se ha almacenado en refrigeración durante 15-30 días a 4°C.

34. Según su definición, ¿qué diferencia a las verduras del resto de las hortalizas?

a) Son hortalizas que se pueden consumir únicamente cocidas.
b) Son hortalizas en las que la parte comestible son sus órganos verdes, como hojas, tallos o inflorescencias.
c) Son hortalizas que incluyen únicamente frutos y semillas no maduros.
d) Son hortalizas con mayor contenido en hidratos de carbono que el resto.

35. ¿Qué característica define a un néctar de fruta?

a) Es un zumo de fruta al que se le ha añadido entre 70 y 150 gramos de edulcorante por kilo.
b) Es un zumo con un contenido de agua inferior al 10 %.

c) Es un zumo al que se le añade entre un 30 % y 40 % de jarabe.

d) Es un zumo obtenido exclusivamente del prensado de frutas frescas sin ningún tipo de aditivo.

36. Según el Código Alimentario, ¿qué característica debe cumplir un pescado congelado para garantizar su calidad?

a) Mantenerse a una temperatura de conservación entre -25 °C y -30 °C.

b) Alcanzar una temperatura final de -10 °C antes de su distribución.

c) Presentar cristales de hielo visibles en su superficie al momento de la descongelación.

d) Permanecer en el congelador hasta que su temperatura interna llegue a 0 °C.

37. ¿Cuál de las siguientes opciones describe correctamente la carne de ternera blanca o lechal?

a) Proviene de un animal sacrificado entre los 12 y 24 meses y tiene un color rojo intenso.

b) Proviene de un animal destetado con una edad superior a los 8 meses.

c) Proviene de un animal sacrificado antes de los 8 meses, sin haber sido destetado, y tiene una carne muy blanca y tierna.

d) Proviene de un macho castrado de hasta 48 meses y presenta grasa intramuscular.

38. Según la clasificación por categoría, ¿qué característica define a las aves de categoría A?

a) Pueden presentar algún golpe o defecto en la piel.

b) Se utilizan exclusivamente para su transformación industrial.

c) Son aves sin golpes ni roturas.

d) Tienen huesos rotos, pero se comercializan enteras.

39. ¿Cuál de los siguientes aceites se obtiene a partir de las semillas de Helianthus annuus?

a) Aceite de soja.

b) Aceite de cacahuete.

c) Aceite de girasol.

d) Aceite de algodón.

40. ¿Qué característica define a las pastas alimenticias?

a) Se obtienen por fermentación de una masa con levadura y harina de trigo.

b) Se elaboran mediante la desecación de una masa no fermentada hecha con sémolas de trigo duro y agua potable.

c) Se producen exclusivamente con harinas refinadas y azúcares.

d) Se forman a partir de una mezcla de harina de trigo con grasas y productos aromáticos.

41. ¿A qué categoría de aditivos pertenece un compuesto con código E-3XX en el etiquetado de los alimentos?

a) Colorantes.
b) Conservantes.
c) Antioxidantes.
d) Potenciadores del sabor.

42. ¿Por qué es importante restringir el consumo de potasio en la dieta de un paciente dializado?

a) Porque su deficiencia es común en pacientes con enfermedad renal.
b) Porque su acumulación en sangre puede causar alteraciones cardiovasculares graves.
c) Porque interfiere con la absorción de proteínas de alto valor biológico.
d) Porque su exceso puede provocar deshidratación en pacientes en diálisis.

43. ¿Cuál de los siguientes alimentos debe evitarse en una dieta pobre en purinas?

a) Pollo a la plancha.
b) Manzana.
c) Hígado de ternera.
d) Arroz integral.

44. ¿Cuál es el principal objetivo de la dieta absoluta?

a) Asegurar una ingesta elevada de calorías y proteínas.
b) Permitir el descanso del sistema digestivo y mantener el equilibrio hidroelectrolítico.
c) Favorecer la digestión mediante la ingesta de líquidos y alimentos suaves.
d) Reducir la inflamación mediante el consumo de alimentos específicos.

45. ¿Por qué se recomienda eliminar la lactosa en personas con intolerancia a esta sustancia?

a) Porque la lactosa es un tipo de proteína que causa alergias graves.
b) Porque la falta de la enzima lactasa impide su digestión, causando síntomas digestivos.
c) Porque la lactosa reduce la absorción de calcio y vitamina D.
d) Porque su consumo provoca una deficiencia de hierro en el organismo.

Solución al test n.º 8

1. b) La alimentación consiste en la obtención de alimentos, mientras que la nutrición es el proceso de transformación y utilización de los nutrientes en el organismo.

2. c) Carbohidratos.

3. b) Dietética.

4. a) Alimentos crudos.

5. c) Productos limpios y envasados.

6. d) Quinta.

7. b) Vitamina B12.

8. c) En vitaminas hidrosolubles y liposolubles.

9. b) Patatas.

10. d) Ninguno de los anteriores.

11. a) Vitaminas y sales minerales.

12. c) Proteínas.

13. d) Todos.

14. d) Todos.

15. a) Reserva energética.

16. a) A.

17. c) Raquitismo.

18. b) Vitamina B2.

19. b) Por una dieta deficitaria en vitamina C.

20. a) Antioxidante.

21. d) Las opciones b) y c) son correctas.

22. c) En una dieta hipocalórica se reduce el aporte de minerales.

23. c) Cuando el aporte de algún nutriente no es suficiente.

24. b) El organismo obtiene más energía de las reservas almacenadas en forma de grasas.

25. d) Pasteles.

26. a) Saturadas.

27. c) Vitamina B9.

28. c) Actividad física y equilibrio emocional entre otros.

29. a) Un acto o un conjunto de actos voluntarios, que implican la elección de alimentos y la voluntad de prepararlos e ingerirlos.

30. b) Catabolismo.

31. c) Un alimento al que se le ha añadido o sustraído una sustancia para alterar su composición con fines fraudulentos.

32. b) Leche sometida a un proceso tecnológico que destruye los gérmenes y sus formas de resistencia.

33. c) La clara es de color verdoso o tiene mal olor y sabor.

34. b) Son hortalizas en las que la parte comestible son sus órganos verdes, como hojas, tallos o inflorescencias.

35. c) Es un zumo al que se le añade entre un 30 % y 40 % de jarabe.

36. a) Mantenerse a una temperatura de conservación entre -25 °C y -30 °C.

37. c) Proviene de un animal sacrificado antes de los 8 meses, sin haber sido destetado, y tiene una carne muy blanca y tierna.

38. c) Son aves sin golpes ni roturas.

39. c) Aceite de girasol.

40. b) Se elaboran mediante la desecación de una masa no fermentada hecha con sémolas de trigo duro y agua potable.

41. c) Antioxidantes.

42. b) Porque su acumulación en sangre puede causar alteraciones cardiovasculares graves.

43. c) Hígado de ternera.

44. b) Permitir el descanso del sistema digestivo y mantener el equilibrio hidroelectrolítico.

45. b) Porque la falta de la enzima lactasa impide su digestión, causando síntomas digestivos.

La Ley de Prevención de Riesgos Laborales: Objeto, ámbito de aplicación y definiciones. Derechos y obligaciones: derecho a la protección frente a los riesgos laborales

1. ¿Qué se entiende por "riesgo laboral"?

a) La posibilidad de que un trabajador sufra un determinado daño derivado del trabajo.
b) La posibilidad de que un trabajador sufra una enfermedad en el trabajo.
c) La posibilidad de que un trabajador sufra acoso.
d) El riesgo que supone el ir a trabajar.

2. Indica cuál es la definición de prevención:

a) La probabilidad racional de que un riesgo se materialice de forma inminente.
b) El estudio de los procesos potencialmente peligrosos para el trabajo.
c) Conjunto de actividades o medidas adoptadas o previstas en todas las fases de actividad de la empresa con el fin de evitar o disminuir los riesgos derivados del trabajo.
d) Posibilidad de que un trabajador sufra un determinado daño derivado del trabajo.

3. Según establece el art. 4 de la Ley 31/1995, de 8 de noviembre, de Prevención de Riesgos Laborales, se define como daños derivados del trabajo:

a) La posibilidad de que un trabajador sufra un determinado daño derivado del trabajo.
b) El que resulte probable racionalmente que se materialice en un futuro inmediato y pueda suponer y pueda suponer un daño grave para la salud de los trabajadores.
c) Las enfermedades, patologías o lesiones sufridas con motivo u ocasión del trabajo.
d) Cualquier máquina, aparato, instrumento o instalación utilizada en el trabajo.

4. El objeto y carácter de la norma de la Ley 31/95 de Prevención de Riesgos Laborales dice:

a) La presente Ley tiene por objeto promover la salud de los trabajadores mediante la aplicación de medidas y el desarrollo de las actividades necesarias para la prevención de riesgos derivados del trabajo.

b) La presente Ley tiene por objeto promover la seguridad y la salud de los trabajadores mediante la aplicación de medidas y el desarrollo de las actividades necesarias para la prevención de riesgos derivados del trabajo.

c) La presente Ley tiene por objeto promover la seguridad de los trabajadores mediante la aplicación de medidas y el desarrollo de las actividades necesarias para la prevención de riesgos derivados del trabajo.

d) La presente Ley tiene por objeto promover la seguridad, la salud de los trabajadores y la negociación entre empresa y delegados de prevención, mediante la aplicación de medidas y el desarrollo de las actividades necesarias para la prevención de riesgos derivados del trabajo.

5. Cualquier característica del trabajo que pueda tener una influencia significativa en la generación de riesgos para la seguridad y la salud del trabajador, es:

a) Una condición de trabajo.
b) Un factor de riesgo.
c) Un proceso potencialmente peligroso.
d) Una zona peligrosa.

6. Toda lesión corporal que el trabajador sufra con ocasión del trabajo que ejerza por cuenta ajena:

a) Es un riesgo laboral.
b) Es un accidente.
c) Es una enfermedad profesional.
d) Es una simple circunstancia.

7. Señala la respuesta incorrecta:

a) La Ley de Prevención de Riesgos Laborales se aplica a los operativos de Seguridad civil en casos de catástrofe.
b) La Ley de Prevención de Riesgos Laborales se aplica a las sociedades cooperativas.
c) En el ámbito de la relación laboral de carácter especial del servicio del hogar familiar, las personas trabajadoras tienen derecho a una protección eficaz en materia de seguridad y salud en el trabajo.
d) En los establecimientos penitenciarios, se adaptarán a la Ley de Prevención de Riesgos Laborales aquellas actividades cuyas características justifiquen una regulación especial.

8. Para calificar un riesgo desde el punto de vista de su gravedad, se valorarán conjuntamente la severidad del daño y:

a) La probabilidad de que se produzca.
b) La cantidad de trabajadores de la empresa.
c) La existencia o no de equipos individuales de protección.
d) Las condiciones de trabajo.

9. ¿Quién debe garantizar a los trabajadores la vigilancia periódica de su estado de salud en función de los riesgos inherentes al trabajo?

a) La Inspección de Trabajo.
b) El propio trabajador.
c) El empresario.
d) Las secciones sindicales.

10. El derecho básico reconocido a los trabajadores por la Ley 31/1995, de 8 de noviembre, es:

a) La vigilancia de su estado de salud.
b) Una protección eficaz en materia de seguridad y salud en el trabajo.
c) La formación en materia preventiva.
d) La información, consulta y participación.

11. Entre los principios de la acción preventiva recogidos por el artículo 15 de la Ley de Prevención de Riesgos Laborales, no figura:

a) Evitar los riesgos.
b) Evaluar los riesgos que se puedan evitar.
c) Tener en cuenta la evolución de la técnica.
d) Dar las debidas instrucciones a los trabajadores.

12. En el marco de sus responsabilidades, el empresario realizará la prevención de los riesgos laborales mediante la integración en la empresa de:

a) Los equipos de protección individual.
b) Los Servicios de Prevención propios.
c) La actividad preventiva.
d) La normativa comunitaria.

13. Es un instrumento esencial para la gestión y aplicación del Plan de prevención de riesgos laborales:

a) La jerarquización de la estructura preventiva.
b) La elección de los equipos de trabajo.
c) La evaluación de riesgos.
d) La vigilancia de la salud.

14. La prevención de riesgos laborales deberá integrarse en el sistema general de gestión de la empresa a través de:

a) La política preventiva.
b) El plan de prevención.

c) El consenso de las partes.

d) El poder de decisión del empresario.

15. Podrán realizar el plan de prevención de riesgos laborales, la evaluación de riesgos y la planificación de la actividad preventiva de forma simplificada, en atención a la naturaleza y peligrosidad de las actividades realizadas, empresas cuyo número de trabajadores no exceda de:

a) 30.

b) 50.

c) 80.

d) 100

16. ¿Qué regula la Ley 31/1995 de Prevención de Riesgos Laborales?

a) Únicamente las sanciones por incumplimiento de normas de seguridad en el trabajo.

b) Las actuaciones de las Administraciones Públicas, empresarios, trabajadores y sus organizaciones en materia de prevención de riesgos laborales.

c) Exclusivamente los derechos de los trabajadores en materia de seguridad laboral.

d) Solo las obligaciones de los empresarios en cuanto a condiciones de trabajo.

17. Según la Disposición adicional 18ª de la Ley 31/1995, ¿qué derecho tienen las personas trabajadoras del hogar familiar en materia de seguridad y salud laboral?

a) Únicamente la obligación de seguir las normas de seguridad del empleador.

b) Derecho a una protección eficaz, especialmente en la prevención de la violencia contra las mujeres.

c) La posibilidad de acceder a equipos de protección si el empleador lo considera necesario.

d) Exención de las normativas de prevención de riesgos laborales por tratarse de un ámbito privado.

18. Según la normativa de prevención de riesgos laborales, ¿cuándo se considera que existe un riesgo laboral grave e inminente?

a) Cuando un trabajador sufre una lesión leve durante su jornada laboral.

b) Cuando existe una alta probabilidad de que el riesgo se materialice en un futuro inmediato y cause daños graves a la salud.

c) Cuando un equipo de trabajo presenta un fallo técnico sin afectar a la seguridad de los trabajadores.

d) Cuando un trabajador se expone a condiciones de trabajo incómodas, pero sin peligro para su salud.

19. ¿Qué se considera un equipo de protección individual (EPI) según la normativa de seguridad laboral?

a) Cualquier equipo destinado a ser llevado o sujetado por el trabajador para proteger su seguridad y salud en el trabajo.

b) Cualquier equipo de trabajo utilizado para manipular cargas de forma manual.

c) Un conjunto de señales luminosas o acústicas que indican riesgos en el entorno laboral.

d) Únicamente los cascos y guantes utilizados en trabajos de alto riesgo.

20. Según el artículo 29 de la Ley 31/1995, ¿qué obligación tienen los trabajadores en materia de prevención de riesgos laborales?

a) Velar únicamente por su propia seguridad en el trabajo.

b) Usar correctamente los medios y equipos de protección proporcionados por el empresario.

c) Depender exclusivamente del empresario para garantizar su seguridad.

d) Informar sobre riesgos laborales solo si hay una orden expresa del empresario.

Solución al test n.º 9

1. a) La posibilidad de que un trabajador sufra un determinado daño derivado del trabajo.

2. c) Conjunto de actividades o medidas adoptadas o previstas en todas las fases de actividad de la empresa con el fin de evitar o disminuir los riesgos derivados del trabajo.

3. c) Las enfermedades, patologías o lesiones sufridas con motivo u ocasión del trabajo.

4. b) La presente Ley tiene por objeto promover la seguridad y la salud de los trabajadores mediante la aplicación de medidas y el desarrollo de las actividades necesarias para la prevención de riesgos derivados del trabajo.

5. a) Una condición de trabajo.

6. b) Es un accidente.

7. a) La Ley de Prevención de Riesgos Laborales se aplica a los operativos de Seguridad civil en casos de catástrofe.

8. a) La probabilidad de que se produzca.

9. c) El empresario.

10. b) Una protección eficaz en materia de seguridad y salud en el trabajo.

11. b) Evaluar los riesgos que se puedan evitar.

12. c) La actividad preventiva.

13. c) La evaluación de riesgos.

14. b) El plan de prevención.

15. b) 50.

16. b) Las actuaciones de las Administraciones Públicas, empresarios, trabajadores y sus organizaciones en materia de prevención de riesgos laborales.

17. b) Derecho a una protección eficaz, especialmente en la prevención de la violencia contra las mujeres.

18. b) Cuando existe una alta probabilidad de que el riesgo se materialice en un futuro inmediato y cause daños graves a la salud.

19. a) Cualquier equipo destinado a ser llevado o sujetado por el trabajador para proteger su seguridad y salud en el trabajo.

20. b) Usar correctamente los medios y equipos de protección proporcionados por el empresario.

Ley de Igualdad entre Mujeres y Hombres y contra la Violencia de Género en Extremadura: Disposiciones generales. Violencia de Género: Disposiciones Generales

1. Según la Ley 8/2011 de Igualdad de Extremadura, el principio general de actuación que impone a los poderes públicos de Extremadura, en el marco de sus competencias, la obligación de adoptar medidas específicas a favor de las mujeres para corregir situaciones patentes de desigualdad de hecho respecto de los hombres, que serán aplicables en tanto subsistan dichas situaciones, habrán de ser razonables y proporcionadas en relación con el objetivo perseguido en cada caso, se denomina:

a) La igualdad de oportunidades.
b) El respeto a la diversidad y la diferencia.
c) La igualdad de trato entre mujeres y hombres.
d) Acción positiva.

2. Según la Ley 8/2011, ¿qué medidas se establecen para combatir la violencia de género?

a) Exclusivamente la atención a mujeres víctimas de violencia.
b) Sanciones económicas a los agresores.
c) Sensibilización, prevención y derechos de asistencia, protección y recuperación integral para las víctimas y sus familias.
d) Eliminación de los derechos laborales de los agresores.

3. Las técnicas de análisis y planificación que tienen en cuenta la interacción que se produce entre el género y otros factores de discriminación, con el objetivo de atender a la diversidad de las mujeres, mediante la puesta en marcha de mecanismos antidiscriminación de acción integral, se llaman:

a) La interseccionalidad.
b) La transversalidad.
c) La representación equilibrada.
d) El fomento de la diversidad y la diferencia.

4. Según el artículo 2 de la Ley 8/2011, la ley será de aplicación en el ámbito territorial de la Comunidad Autónoma de Extremadura para los siguientes colectivos salvo uno. Indica cuál:

a) Universidad de Extremadura.
b) Todas las entidades que realicen actividades educativas y de formación cualquiera que sea su tipo, nivel y grado.
c) Las Fuerzas Armadas.
d) A las entidades privadas que suscriban contratos o convenios de colaboración con las Administraciones Públicas de Extremadura o sean beneficiarias de ayudas o subvenciones concedidas por ellas.

5. Se entiende que cualquier tipo de trato desfavorable relacionado con el embarazo, la maternidad o la paternidad constituye:

a) Una situación de desigualdad.
b) Discriminación directa por razón de sexo.
c) Discriminación indirecta.
d) Acoso por razón de sexo.

6. ¿Qué implica la "igualdad de oportunidades" según el artículo 3 de la Ley 8/2011?

a) Adoptar medidas para garantizar el acceso a derechos y eliminar discriminación.
b) Tratar a todos de manera idéntica en cualquier situación.
c) Promover leyes generales sin intervención específica en desigualdades.
d) Establecer políticas laborales únicamente para mujeres.

7. En virtud del principio de ruptura de la brecha de género en la Sociedad de la Información, el Conocimiento y la Imaginación ¿Qué han de priorizar los poderes públicos extremeños para la supresión de cualquier tipo de discriminación y el fomento de la igualdad entre mujeres y los hombres?

a) Promover el acceso exclusivo de las mujeres a la tecnología.
b) Implementar políticas de discriminación positiva para hombres.
c) Considerar las implicaciones de género en el avance estratégico hacia la igualdad.
d) Establecer cuotas de participación femenina en empresas tecnológicas.

8. ¿Qué se entiende por "acción positiva" en el marco de esta ley?

a) Programas diseñados exclusivamente para mujeres empresarias.
b) Medidas específicas para corregir desigualdades mediante políticas afirmativas.
c) Aplicación de políticas de igualdad solo en el ámbito educativo.
d) Exclusión de hombres en sectores donde predominan las mujeres.

9. ¿Qué principio fomenta la representación equilibrada según la Ley 8/2011?

a) La promoción exclusiva de mujeres en cargos públicos.
b) La imposición de cuotas exclusivamente femeninas en empresas privadas.
c) La reducción de la participación masculina en las candidaturas políticas.
d) La paridad de género en órganos de representación y toma de decisiones.

10. ¿Qué se entiende por "discriminación interseccional"?

a) La discriminación basada únicamente en el género.
b) La discriminación que combina racismo y sexismo.
c) La discriminación debida a la orientación sexual.
d) La discriminación causada por el lugar de residencia.

11. ¿En qué Título de la Ley 8/2011 se exponen las medidas de prevención de la violencia de género y en la atención y protección a las víctimas de la misma?

a) Título II.
b) Título IV.
c) Título V.
d) Título III.

12. Según el artículo 76 de la Ley 8/2011, ¿qué competencia tiene la Junta de Extremadura en relación con las víctimas de violencia de género?

a) Regular y asegurar las prestaciones y derechos establecidos por esta ley, garantizando los servicios de la Red Extremeña de Atención a Víctimas de la Violencia de Género.
b) Controlar las políticas de inmigración de mujeres víctimas de violencia de género.
c) Establecer los protocolos de actuación para la policía en casos de violencia de género.
d) Gestionar directamente los recursos de los centros de acogida para mujeres víctimas de violencia de género.

13. De acuerdo con el artículo 76 de la Ley 8/2011, ¿qué debe garantizar la Junta de Extremadura respecto a los servicios y recursos de atención a víctimas de violencia de género?

a) Garantizar la accesibilidad de los servicios a todas las mujeres que vivan en la Comunidad Autónoma de Extremadura.
b) Garantizar la accesibilidad de los servicios a todas las personas que vivan en la Comunidad Autónoma de Extremadura.
c) Garantizar la accesibilidad de los servicios a todas las mujeres nacidas en la Comunidad Autónoma de Extremadura.
d) Garantizar que los servicios sean prestados solo a las víctimas que denuncien públicamente la violencia.

14. Según el artículo 77 de la Ley 8/2011, ¿cuál es una de las competencias de la Junta de Extremadura?

a) Establecer las leyes penales relacionadas con los delitos de violencia de género.
b) Crear un sistema de intervención para los agresores de violencia de género.
c) Supervisar los sistemas de seguridad pública en zonas rurales.
d) Fijar la forma y el procedimiento para adecuar y compatibilizar los recursos regulados por esta ley con los de otras administraciones competentes.

15. Según el artículo 77 de la Ley 8/2011, ¿qué competencia tiene la Junta de Extremadura respecto a la coordinación de los recursos de violencia de género?

a) Supervisar la implementación de nuevas leyes estatales sobre violencia de género.
b) Establecer sanciones a las administraciones locales que no cumplan con los recursos de atención.
c) Garantizar la adecuada coordinación de la Red, los recursos, instituciones y medios, tanto materiales como humanos, con la Administración General del Estado.
d) Gestionar directamente todos los centros de refugio para víctimas de violencia de género.

16. Según la Ley 8/2011, ¿cuál de las siguientes competencias corresponde a la administración local?

a) Colaborar con la Junta de Extremadura en la creación de nuevas leyes sobre violencia de género.
b) Programar, prestar y gestionar los servicios de información y asesoramiento y prevención de la violencia de género, y efectuar la derivación a los servicios especializados de la Red de Atención a Víctimas.
c) Garantizar la adecuada coordinación de la Red, los recursos, instituciones y medios, tanto materiales, como humanos con la Administración General del Estado e impulsar las fórmulas de colaboración, cooperación e información mutua que resulten necesarias para garantizar los derechos que establece esta ley.
d) Impulsar la colaboración y la cooperación con las demás comunidades autónomas para garantizar los derechos establecidos por esta ley.

17. Según la Ley 8/2011, ¿qué tarea corresponde a la administración local en relación con los servicios de la Red de Atención a Víctimas de Violencia de Género?

a) Colaborar con la gestión de los servicios de la Red de Atención a Víctimas de Violencia de Género, de acuerdo con lo que se establezca mediante convenio con la administración autonómica.
b) Definir los criterios de sanción para los infractores de la ley de violencia de género.
c) Fijar la forma y el procedimiento para adecuar y compatibilizar los recursos regulados por esta ley con los recursos de las Administraciones Públicas de Extremadura competentes, para prestar servicios de educación, trabajo, salud, servicios sociales y otros implicados en la lucha contra la violencia de género y en la atención a mujeres víctimas de esta violencia.
d) Dirigir los planes educativos en colegios sobre violencia de género.

18. Según la Ley 8/2011, ¿qué función corresponde a la administración local en cuanto a sensibilización y prevención de la violencia de género?

a) Realizar investigaciones científicas sobre las causas de la violencia de género.
b) Establecer nuevas normas sobre los derechos de las víctimas de violencia de género.
c) Organizar la formación de las víctimas para prevenir futuras agresiones.
d) Colaborar, a través de los Servicios Sociales de Base, en el desarrollo de las acciones de sensibilización y prevención.

19. La representación equilibrada es aquella situación que garantice la presencia de mujeres y hombres de forma que, en el conjunto de personas a que se refiera:

a) Cada sexo ni supere el cincuenta y cinco por ciento ni sea menos del cuarenta y cinco por ciento.
b) Ningún sexo supere en más de dos representantes al otro.
c) Cada sexo ni supere el sesenta por ciento ni sea menos del cuarenta por ciento.
d) Ambos sexos tengan el cincuenta por ciento de los representantes.

20. Con el fin de hacer efectivo el derecho constitucional a la igualdad, los poderes públicos adoptarán medidas específicas a favor de las mujeres para corregir situaciones patentes de desigualdad de hecho respecto de los hombres. Tales medidas, que serán aplicables en tanto subsistan dichas situaciones, habrán de ser, en relación con el objetivo perseguido en cada caso, razonables y:

a) Justificadas.
b) Proporcionadas.
c) Consensuadas.
d) Personalizadas.

Solución al test n.º 10

1. d) Acción positiva.

2. c) Sensibilización, prevención y derechos de asistencia, protección y recuperación integral para las víctimas y sus familias.

3. a) La interseccionalidad.

4. c) Las Fuerzas Armadas.

5. b) Discriminación directa por razón de sexo.

6. a) Adoptar medidas para garantizar el acceso a derechos y eliminar discriminación.

7. c) Considerar las implicaciones de género en el avance estratégico hacia la igualdad.

8. b) Medidas específicas para corregir desigualdades mediante políticas afirmativas.

9. d) La paridad de género en órganos de representación y toma de decisiones.

10. b) La discriminación que combina racismo y sexismo.

11. b) Título IV.

12. a) Regular y asegurar las prestaciones y derechos establecidos por esta ley, garantizando los servicios de la Red Extremeña de Atención a Víctimas de la Violencia de Género.

13. a) Garantizar la accesibilidad de los servicios a todas las mujeres que vivan en la Comunidad Autónoma de Extremadura.

14. d) Fijar la forma y el procedimiento para adecuar y compatibilizar los recursos regulados por esta ley con los de otras administraciones competentes.

15. c) Garantizar la adecuada coordinación de la Red, los recursos, instituciones y medios, tanto materiales como humanos, con la Administración General del Estado.

16. b) Programar, prestar y gestionar los servicios de información y asesoramiento y prevención de la violencia de género, y efectuar la derivación a los servicios especializados de la Red de Atención a Víctimas.

17. a) Colaborar con la gestión de los servicios de la Red de Atención a Víctimas de Violencia de Género, de acuerdo con lo que se establezca mediante convenio con la administración autonómica.

18. d) Colaborar, a través de los Servicios Sociales de Base, en el desarrollo de las acciones de sensibilización y prevención.

19. c) Cada sexo ni supere el sesenta por ciento ni sea menos del cuarenta por ciento.

20. b) Proporcionadas.

SUPUESTOS PRÁCTICOS

SUPUESTO N.º 1

Indica un equipo generador de calor con el que realizaría estas tareas:

TAREA	GENERADOR DE CALOR
Fritura de patatas	
Cocción por contacto con una cantidad mínima de aceite o grasa	
Asado por asado de aire caliente en movimiento	
Descongelación por acción de las ondas electromagnéticas	
Regulación de la temperatura del baño María	
Esterilización de alimentos envasados	
Gratinado	
Elaboración de caldos y fondos en grandes cantidades para colectividades	
Cocción por irradiación, con carbón vegetal	
Mantenimiento en caliente de platos elaborados.	

SUPUESTO N.º 2

Indica a qué grupo profesional corresponden las siguientes categorías:

CATEGORÍA	GRUPO
Ayudante de Cocina	
Cocinero	
Titulado superior	
Camarero-Limpiador	

SUPUESTO N.º 3

Según la definición, indique el nombre de la operación:

- Disolver un producto en un líquido.

- Separar los granos de guisantes y las habas de sus respectivas vainas.

- Pasar por harina, huevo batido, y pan rallado.

- Dorar un género a fuego vivo, con grasa.

- Añadir condimentos a un género para darle olor o sabor.

- Poner un género al fuego en agua fría y llevarlo al punto de ebullición.

- Sujetar un pollo con hilo bramante de forma que mantenga la forma deseada después de su cocinado.

- Dar limpieza o transparencia a un caldo, consomé.

- Proceso de cocción sumergido en un medio graso a baja temperatura durante largo tiempo.

- Consiste en cocer la fruta en un almíbar y dejarla secar hasta que el azúcar cristalice.

- Rociar un alimento con un licor y prenderle fuego.

- Cubrir una pasta o un plato para evitar el contacto con el aire, impidiendo que se enfríe o se reseque.

- Sumergir un género salado en agua fría, para que pierda la sal.

- Cubrir un preparado de pastelería con azúcar fondant.

- Poner un producto desecado en agua.

- Aumentar el volumen de una masa por efecto de la fermentación.

- Envolver en una lámina delgada de tocino un género para evitar que este se seque al cocinarlo.

- Introducir tiras de tocino, pimiento, trufa, en forma de mecha en una carne cruda.

- Cubrir totalmente un preparado con un líquido espeso que permanezca.

- Freír a fuego lento y con poca grasa un género para que se ablande.

SUPUESTO N.º 4

Indica si las siguientes afirmaciones son verdaderas o falsas:

- El personal laboral al servicio de la Junta de Extremadura se rige por el IV Convenio Colectivo.

- El Grupo III del personal laboral requiere un nivel de estudios superior al Grupo II.

- En el Grupo I se engloban las categorías que requieren mayor nivel de estudios.

- Constituye el Grupo V el personal laboral que esté en posesión del Certificado de Escolaridad.

- Todas las categorías profesionales de un mismo grupo desarrollan las mismas funciones.

- Todas las categorías profesionales de un mismo grupo requieren el mismo nivel de titulación.

- Todas las categorías del grupo V tienen el mismo Complemento de Destino.

- Todas las categorías del grupo V tienen Complemento de Destino 14.

- Todas las categorías de los grupos IV y V tienen el mismo Complemento Específico General.

SUPUESTO N.º 5

De las siguientes piezas de vacuno, indica cuáles son del cuarto delantero y cuáles del cuarto trasero: aguja, aleta, cadera, contra, costillar, llana, lomo bajo, pescuezo, rabillo, solomillo.

Cuarto delantero	Cuarto trasero

SUPUESTO N.º 6

Completa las siguientes frases con una de estas palabras: tiempo, destino, complemento, antigüedad, doce, nivel, complementario, categoría, básico, específico.

– El Complemento de Destino es la parte de retribución fijada por unidad de tiempo que se abona en _____ mensualidades cuyo importe viene determinado por el _____ que se asigna al Grupo de pertenencia del trabajador.

– El Complemento Específico General es la parte de retribución fijada por unidad de _____ que se abona en doce mensualidades cuyo importe viene determinado por el tipo que se asigna al puesto encuadrado en la _____ profesional a la que pertenece el trabajador.

– Tanto el Complemento de _____ como el Complemento Específico General, son conceptos retributivos del personal laboral carácter _____. El complemento de _____, sin embargo, es de carácter _____.

– El _____ de Destino de Ayudante de Cocina es 14 y el Complemento _____ General es H7.

SUPUESTO N.º 7

Indica si las siguientes afirmaciones son verdaderas o falsas:

– Los mohos se desarrollan mejor en alimentos con gran contenido en agua.

– Durante la cocción de productos alimenticios hay que garantizar que el centro del producto cocinado alcanza al menos los 100 ºC.

– La contaminación cruzada se produce cuando los microorganismos presentes en un alimento pasan a otro alimento.

– Los microorganismos pueden llegar a los alimentos a través del uso de cuchillos o de las manos del manipulador, si no hay una correcta higiene.

– Los alimentos no perecederos no sufrirán alteraciones, aunque no se mantengan en condiciones adecuadas.

– El manipulador de alimentos debe cubrir las heridas con apósitos permeables, para evitar la contaminación del alimento.

– Los microorganismos que se desarrollan en el alimento pueden provocar enfermedades, salvo en caso de que se consuma crudo.

– Algunas sustancias químicas que se acumulan en el alimento, pueden causar daños a la salud de los consumidores.

– Cualquier material es adecuado para envasar alimentos, siempre que sea de plástico, metal o vidrio.

– La salmonelosis es causada por una bacteria, igual que la anisakiasis.

SUPUESTO N.º 8

Indica cuántos días de permiso retribuido corresponde al personal laboral de la Junta de Extremadura en los siguientes casos:

– Por matrimonio o pareja de hecho:_____

– Por fallecimiento de tío o sobrino:_____

– Por asuntos particulares anualmente:_____

– Para asistir a cursos selectivos:_____

– Por traslado de domicilio sin cambio de residencia:_____

SUPUESTO N.º 9

Clasifica los siguientes alimentos en función de su aporte nutricional mayoritario: Aceite de oliva, alcachofa, boniato, huevo, kiwi, leche, macarrones, mantequilla, merluza, pan, pollo, romanescu, salchichón, ternera, zanahoria. Indicaademás qué grupo estaría desaconsejado en caso de diabetes y en caso de dieta hipoproteica.

	Proteínas	Hidratos de carbono	Lípidos	Vitaminas y minerales
Desaconsejado en caso de dieta diabética				
Desaconsejado en caso de dieta hipoproteica				

SUPUESTO N.º 10

¿En qué partida se realiza cada una de estas tareas?

TAREA	PARTIDA
Limpieza y fraccionamiento de aves	
Preparación de primeros platos calientes	
Elaboración de asados	
Elaboración de entremeses	
Elaboración de guarniciones de verduras	

SUPUESTO N.º 11

Completa las frases con la palabra adecuada:

- El componente activo de los detergentes se denomina _____ .

- La lejía puede eliminar microorganismos, por lo que decimos que tiene poder _____ .

- El detergente tiene poder _____ , porque ayuda a romper la tensión _____ del agua.

- Los tensioactivos _____ en disolución acuosa generan iones con carga negativa, y tienen capacidad _____ .

- La etiqueta de un producto de limpieza debe indicar su composición, modos de uso, _____ de peligro y consejos de _____ .

- Se evitará el trasvase de los productos de limpieza para evitar las _____ .

- Los productos de limpieza _____ se almacenarán junto con _____ .

- Para las tareas de limpieza se utilizarán equipos de protección _____ , como por ejemplo _____ para evitar el contacto del producto con las manos.

- El prelavado es una fase _____ de la limpieza y la desinfección siempre se realizará _____ de la limpieza.

- Los _____ y _____ en cocina se limpiarán después de cada uso.

SUPUESTO N.º 12

Separa los derechos de un Ayudante de Cocina de sus obligaciones, en dos columnas:

- Percibir las retribuciones.
- Recibir formación continua.
- Comunicación en tiempo de la falta justificada.
- Protección de la madre durante el embarazo.
- Cumplimiento de la normativa de prevención de riesgos laborales.
- Respeto al ejercicio de los derechos sindicales.
- Vacaciones retribuidas.
- Jubilación, con carácter general a los 65 años.
- Corrección en el trato con los compañeros.

DERECHOS	OBLIGACIONES

SUPUESTO N.º 13

Clasifica los siguientes fondos según tipos: fondo blanco, fondo oscuro, gelatina, caldo, fumet, ligazones, roux.

Fondos básicos	Fondos complementarios

SUPUESTO N.º 14

Indica el tipo de falta, y cuál de las siguientes sanciones podría corresponder (puede ser más de una en cada caso):

- Apercibimiento verbal

- Apercibimiento por escrito.

- Suspensión de empleo y sueldo hasta cuatro días

- Suspensión del derecho a concurrir a pruebas para el acceso y a turno de ascenso por tiempo de dos años.

- Suspensión de empleo y sueldo de cinco días a cinco meses.

FALTA	TIPO	SANCIÓN
Altercados con los compañeros de trabajo que alteren la buena marcha del servicio, salvo que suponga falta grave		
El abandono del trabajo sin justificación		
El abuso de autoridad en el ejercicio del cargo		
Los malos tratos físicos a otros trabajadores		
La falta de asistencia al trabajo sin causa que lo justifique		
La obstaculización al ejercicio de las libertades públicas y derechos sindicales		
Causar daños graves, por negligencia o mala fe, en el patrimonio y bienes		

Solución supuestos prácticos

SUPUESTO N.º 1

TAREA	GENERADOR DE CALOR
Fritura de patatas	Freidora
Cocción por contacto con una cantidad mínima de aceite o grasa	Plancha
Asado por asado de aire caliente en movimiento	Horno de convección
Descongelación por acción de las ondas electro-magnéticas	Microondas
Regulación de la temperatura del baño María	Roner
Esterilización de alimentos envasados	Autoclave
Gratinado	Salamandra / horno
Elaboración de caldos y fondos en grandes cantidades para colectividades	Marmita /marmita basculante
Cocción por irradiación, con carbón vegetal	Prusiana
Mantenimiento en caliente de platos elaborados.	Mesa caliente

SUPUESTO N.º 2

CATEGORÍA	GRUPO
Ayudante de Cocina	V
Cocinero	IV
Titulado superior	I
Camarero-Limpiador	V

SUPUESTO N.º 3

- Disolver un producto en un líquido. **Desleír**.

- Separar los granos de guisantes y las habas de sus respectivas vainas. **Desvainar**.

- Pasar por harina, huevo batido, y pan rallado. **Empanar**.

- Dorar un género a fuego vivo, con grasa. **Risolar**.

- Añadir condimentos a un género para darle olor o sabor. **Sazonar**.

- Poner un género al fuego en agua fría y llevarlo al punto de ebullición. **Blanquear**.

- Sujetar un pollo con hilo bramante de forma que mantenga la forma deseada después de su cocinado. **Bridar**.

- Dar limpieza o transparencia a un caldo, consomé. **Clarificar**.

- Proceso de cocción sumergido en un medio graso a baja temperatura durante largo tiempo. **Confitar**.

- Consiste en cocer la fruta en un almíbar y dejarla secar hasta que el azúcar cristalice. **Escarchar**.

- Rociar un alimento con un licor y prenderle fuego. **Flamear**.

- Cubrir una pasta o un plato para evitar el contacto con el aire, impidiendo que se enfríe o se reseque. **Abrigar**.

- Sumergir un género salado en agua fría, para que pierda la sal. **Desalar**.

- Cubrir un preparado de pastelería con azúcar fondant. **Glasear**.

- Poner un producto desecado en agua. **Hidratar**.

- Aumentar el volumen de una masa por efecto de la fermentación. **Leudar**.

- Envolver en una lámina delgada de tocino un género para evitar que este se seque al cocinarlo. **Albardar**.

- Introducir tiras de tocino, pimiento, trufa, en forma de mecha en una carne cruda. **Mechar**.

- Cubrir totalmente un preparado con un líquido espeso que permanezca. **Napar**.

- Freír a fuego lento y con poca grasa un género para que se ablande. **Pochar**.

SUPUESTO N.º 4

- El personal laboral al servicio de la Junta de Extremadura se rige por el IV Convenio Colectivo. **Falsa**.

- El Grupo III del personal laboral requiere un nivel de estudios superior al Grupo II. **Falsa**.

- En el Grupo I se engloban las categorías que requieren mayor nivel de estudios. **Verdadera**.

- Constituye el Grupo V el personal laboral que esté en posesión del Certificado de Escolaridad. **Verdadera**.

- Todas las categorías profesionales de un mismo grupo desarrollan las mismas funciones. **Falsa**.

- Todas las categorías profesionales de un mismo grupo requieren el mismo nivel de titulación. **Verdadera**.

- Todas las categorías del grupo V tienen el mismo Complemento de Destino. **Verdadera**.

- Todas las categorías del grupo V tienen Complemento de Destino 14. **Verdadera**.

- Todas las categorías de los grupos IV y V tienen el mismo Complemento Específico General. **Falsa**.

SUPUESTO N.º 5

Cuarto delantero	Cuarto trasero
Aguja	Rabillo
Pescuezo	Solomillo
Llana	Cadera
Aleta	Contra
Costillar	Lomo bajo

SUPUESTO N.º 6

- El Complemento de Destino es la parte de retribución fijada por unidad de tiempo que se abona en **doce** mensualidades cuyo importe viene determinado por el **nivel** que se asigna al Grupo de pertenencia del trabajador.

- El Complemento Específico General es la parte de retribución fijada por unidad de **tiempo** que se abona en doce mensualidades cuyo importe viene determinado por el tipo que se asigna al puesto encuadrado en la **categoría** profesional a la que pertenece el trabajador.

- Tanto el Complemento de **destino** como el Complemento Específico General, son conceptos retributivos del personal laboral carácter **complementario**. El complemento de **antigüedad**, sin embargo, es de carácter **básico**.

- El **complemento** de Destino de Ayudante de Cocina es 14 y el Complemento **específico** General es H7.

SUPUESTO N.º 7

- Los mohos se desarrollan mejor en alimentos con gran contenido en agua. **Verdadera**.

- Durante la cocción de productos alimenticios hay que garantizar que el centro del producto cocinado alcanza al menos los 100 ºC. **Falsa**.

- La contaminación cruzada se produce cuando los microorganismos presentes en un alimento pasan a otro alimento. **Verdadera**.

- Los microorganismos pueden llegar a los alimentos a través del uso de cuchillos o de las manos del manipulador, si no hay una correcta higiene. **Verdadera**.

- Los alimentos no perecederos no sufrirán alteraciones, aunque no se mantengan en condiciones adecuadas. **Falsa**.

- El manipulador de alimentos debe cubrir las heridas con apósitos permeables, para evitar la contaminación del alimento. **Falsa**.

- Los microorganismos que se desarrollan en el alimento pueden provocar enfermedades, salvo en caso de que se consuma crudo. **Falsa**.

- Algunas sustancias químicas que se acumulan en el alimento, pueden causar daños a la salud de los consumidores. **Verdadera**.

- Cualquier material es adecuado para envasar alimentos, siempre que sea de plástico, metal o vidrio. **Falsa**.

- La salmonelosis es causada por una bacteria, igual que la anisakiasis. **Falsa**.

SUPUESTO N.º 8

- Por matrimonio o pareja de hecho: **15 días**.

- Por fallecimiento de tío o sobrino: **1 días**.

- Por asuntos particulares anualmente: **6 días**.

- Para asistir a cursos selectivos: **0**.

- Por traslado de domicilio sin cambio de residencia: **1 día**.

SUPUESTO N.º 9

	Proteínas	Hidratos de carbono	Lípidos	Vitaminas y minerales
	Ternera Huevo Merluza Pollo Leche Salchichón	Pan Macarrones Boniato	Mantequilla Aceite de oliva	Zanahoria Kiwi Romanescu Alcachofa
Desaconsejado en caso de dieta diabética		x		
Desaconsejado en caso de dieta hipoproteica	x			

SUPUESTO N.º 10

TAREA	PARTIDA
Limpieza y fraccionamiento de aves	Despensero o cuarto frío
Preparación de primeros platos calientes	Entremetier
Elaboración de asados	Salsero
Elaboración de entremeses	Despensero o cuarto frío
Elaboración de guarniciones de verduras	Entremetier

SUPUESTO N.º 11

- El componente activo de los detergentes se denomina **tensioactivo**.
- La lejía puede eliminar microorganismos, por lo que decimos que tiene poder **desinfectante**.
- El detergente tiene poder **humectante**, porque ayuda a romper la tensión **superficial** del agua.
- Los tensioactivos **aniónicos** en disolución acuosa generan iones con carga negativa, y tienen capacidad **emulsionante**.

- La etiqueta de un producto de limpieza debe indicar su composición, modos de uso, **indicaciones** de peligro y consejos de **seguridad**.
- Se evitará el trasvase de los productos de limpieza para evitar las **salpicaduras**.
- Los productos de limpieza **no** se almacenarán junto con **alimentos**.
- Para las tareas de limpieza se utilizarán equipos de protección **individual**, como por ejemplo **guantes** para evitar el contacto del producto con las manos.
- El prelavado es una fase **previa** de la limpieza y la desinfección siempre se realizará **después** de la limpieza.
- Los **utensilios** y **superficies** en cocina se limpiarán después de cada uso.

SUPUESTO N.º 12

DERECHOS	OBLIGACIONES
Percibir las retribuciones	Comunicación en tiempo de la falta justificada
Recibir formación continua	
Protección de la madre durante el embarazo	Cumplimiento de la normativa de prevención de riesgos laborales
Vacaciones retribuidas	Respeto al ejercicio de los derechos sindicales
Jubilación, con carácter general a los 65 años	Corrección en el trato con los compañeros
Negociación colectiva	

SUPUESTO N.º 13

Fondos básicos	Fondos complementarios
Fondos blancos	Gelatinas
Fondos oscuros	Caldos
Fumet	Ligazones
	Roux

SUPUESTO Nº 14

FALTA	TIPO	SANCIÓN
Altercados con los compañeros de trabajo que alteren la buena marcha del servicio, salvo que suponga falta grave	Leve	– Apercibimiento verbal. – Suspensión de empleo y sueldo hasta cuatro días.
El abandono del trabajo sin justificación	Grave	– Apercibimiento por escrito. – Suspensión de empleo y sueldo de cinco días a cinco meses.
El abuso de autoridad en el ejercicio del cargo	Grave	– Apercibimiento por escrito. – Suspensión de empleo y sueldo de cinco días a cinco meses.
Los malos tratos físicos a otros trabajadores	Muy grave	– Apercibimiento por escrito. – Suspensión del derecho a concurrir a pruebas para el acceso y a turno de ascenso por tiempo de dos años.
La falta de asistencia al trabajo sin causa que lo justifique	Leve	– Apercibimiento verbal. – Suspensión de empleo y sueldo hasta cuatro días.
La obstaculización al ejercicio de las libertades públicas y derechos sindicales	Muy grave	– Apercibimiento por escrito. – Suspensión del derecho a concurrir a pruebas para el acceso y a turno de ascenso por tiempo de dos años.
Causar daños graves, por negligencia o mala fe, en el patrimonio y bienes	Grave	– Apercibimiento por escrito. – Suspensión de empleo y sueldo de cinco días a cinco meses.

Cómo acceder al Curso

Ayudante de Cocina (Personal Laboral Grupo V)
Test y supuestos prácticos

El uso de los códigos **es exclusivo de los compradores de los productos de Editorial MAD**. Cada producto posee un código único y de un solo uso. Es personal e intransferible y da acceso a servicios y contenidos adicionales. Editorial MAD se reserva el derecho de hacer cuantas comprobaciones sean necesarias para identificar al legítimo poseedor del código y dejar de dar servicio a quien haga uso fraudulento del mismo, además de emprender cuantas acciones legales estime oportunas según la legislación vigente.

Deberás acceder a:

mad.es/registro-campus

Si una vez aceptadas las condiciones de uso del Campus decides hacer uso del mismo, necesitarás del siguiente código de acceso junto con los códigos del resto de títulos que se exigen (si fuera el caso):

LPRMQ73YSA